Heriburg Laarmann
Bunt und schön ist unser Leben

W0231112

Gottesdienste für Kinder
und die ganze Pfarrgemeinde

Heriburg Laarmann

Bunt und schön ist unser Leben

Herder
Freiburg · Basel · Wien

Alle Rechte vorbehalten – Printed in Germany
© Verlag Herder Freiburg im Breisgau 1999
Gestaltung: Finken & Bumiller
Herstellung: Freiburger Graphische Betriebe
Gedruckt auf umweltfreundlichem,
chlorfrei gebleichtem Papier
ISBN 3-451-26888-4

Inhalt

Gott, bringe Farbe in mein Leben!

Gott, du Meistermaler des Lebens,
du hast vielfältige Farben in das Leben
deiner wunderbaren Schöpfung gemalt.
Du kennst mein Leben, das so oft farblos ist.
Du weißt, wieviel Eintönigkeit und Alltagsgrau es da gibt.
Darum bitte ich dich, bringe Farbe in mein Leben!
Ich bitte um alle Lebensfarben in mir,
damit mein Leben mit dir und den Menschen
bunt ist und schön,
damit es besser gelingen kann.
Gott, gib mir viel vom Gelb des Lichtes,
vom Gelb der strahlenden Sonne,
um die Dunkelheiten zu erhellen,
die sich in mir und um mich breitmachen wollen.
Gib mir vom Orange der Wärme
gegen alles Unterkühlte in meinem Herzen,
gegen Kälte und Hartherzigkeit in dieser Welt.
Gott, gib mir vom Grün des neuen Lebens,
damit lebendig wird, was starr und tot zu sein schien,
gib mir vom Grün der Hoffnung
gegen alle Mut- und Ausweglosigkeiten.
Gib mir vom glühenden Rot deiner feurigen Liebe
gegen alle Kälte und Lieblosigkeit ringsum.
Laß mich Feuer fangen,
damit ich andere begeistern und anstecken kann.
Gott, gib mir vom Blau des Glaubens und der Treue,
um meine Lebensentscheidungen zu leben.
Gib mir vom Violett der Buße für Wege,
die zur Umkehr und zum Neuanfang führen.
Gott, gib mir vom Schwarz der Nacht
und vom Schwarz des Todes,

damit ich mich einstimme auf Abschiede,
die in meinem Leben immer wieder notwendig sind.
Gib mir vom Weiß des Unberührten und des Neuen,
um offen zu sein für dich und für das,
was du mit mir beginnen willst.
Gott, gib mir vom Braun der Erde,
damit ich bodenständig,
erdverbunden und ausdauernd bin.
Gib mir vom leuchtenden Gold der Sterne,
vom geläuterten Gold der Erde,
vom kostbaren Gold der Ewigkeit,
und laß mich in allem, was kostbar ist,
dich erkennen und verehren.
Gott, gib mir ein wenig von allen Farben,
damit mein Leben
und durch mich das Leben anderer
bunt und schön wird.
Zeige mir ab und zu einen farbenprächtigen Regenbogen,
damit ich weiß: Du bist da!
Gott, du Meistermaler des Lebens,
bringe Farbe in mein Leben!

Macht die Türen auf

Advent

Vorzubereiten

*ein großes Tor, Lichter, Kinder können Bilder/Folien zur Zachäus-
geschichte malen oder Diaserie »Zachäus«*

Eröffnung

Lied GL 115 » Wir sagen euch an den lieben Advent« *oder* »Das Licht
einer Kerze ist im Advent erwacht«
(Kinder zünden Kerzen am Adventskranz an)

Begrüßung und Einführung

PRIESTER: Wir feiern Advent, die Ankunft des Herrn. Macht die
Türen auf! Gott will bei uns ankommen. Er kommt zu uns durch
Jesus, seinen Sohn. Erwarten wir Ihn? Haben wir für ihn eine offene Tür? Mit dem Kreuzzeichen öffnen wir uns jetzt für Gott und
sprechen gemeinsam: Im Namen des Vaters ... Gott, der uns liebt
und der in Jesus immer neu zu uns kommt, er sei mit euch!

Besinnung und Kyrierufe

1. KIND: Ohren können große offene Tore sein, durch die vieles in uns
eindringt. Unsere Ohren sind Wege zum Herzen. Manches, was
wir hören, geht uns zu Herzen. Ich wünsche dir und mir offene
Ohren und ein offenes Herz für Gott, der bei uns ankommen will.

ERWACHSENER: »Man hört nur mit dem Herzen gut«. Darum wünsche ich mir und dir offene, hellhörige Ohren für alle, die zaghaft
oder laut bei uns anklopfen. Ich wünsche uns, daß wir offene
Ohren und Herzen haben für Gott, der bei uns ankommen will.

2. KIND: Manchmal sind unsere Ohren verschlossene Tore. Wir halten uns die Ohren zu oder stopfen sie zu. Weder Gott noch Menschen können dann bei uns ankommen.

Liedruf »Herr, erbarme dich« *(mit Gebärden)*

3. Kind: Unsere Augen sind große Tore, durch die wir die Welt in uns einlassen. Was wir sehen, geht uns oft zu Herzen. Ich wünsche dir und mir offene Augen für alles, was in der Welt geschieht. Ich wünsche uns, daß wir nicht blind sind für Menschen, in denen Gott uns begegnen möchte.

Erwachsener: Gott schaut uns an durch alles, was er geschaffen hat. Gott schaut uns an durch Menschen, die auf unsere Hilfe warten. Ich wünsche uns offene Augen und Herzen für Gott, für die Menschen und für die bedrohte Schöpfung.

4. Kind: »Man sieht nur mit dem Herzen gut« (Exupéry). Ich wünsche dir und mir offene Augen und ein offenes Herz, damit wir offen bleiben für die Not der Menschen, für die Zeichen, durch die Gott bei uns ankommen will. **Liedruf**

5. Kind: Unser Mund ist ein offenes Tor. Durch den Mund lassen wir das ein, was uns leben läßt. Aus dem Mund können Worte kommen, die froh machen und Leben schenken.

Erwachsener: Durch unseren Mund will Gott bei uns ankommen. Im Brot und Wein schenkt er sich uns, damit wir Leben haben über den Tod hinaus. Durch unseren Mund, durch unser Wort, will Gott bei anderen ankommen. Ich wünsche dir und mir Worte, die aus dem Herzen kommen und die zu Herzen gehen.

6. Kind: Manchmal stopfen wir anderen den Mund, so daß sie nichts mehr sagen können. Manchmal sind wir stumm. Wir schweigen, wo wir mit unserem Wort anderen helfen könnten. Gott kann durch uns oft bei anderen nicht ankommen. **Liedruf**

Gebet

1. Kind: Gott, du hast uns eine Nase geschenkt, durch die wir den Duft der Welt in uns aufnehmen können. Gott, laß unsere Nase ein offenes Tor sein. Durch sie können wir aufnehmen, was uns froh macht und uns hilft, daß wir uns wohlfühlen. Verzeihe uns, wenn wir andere nicht riechen können.

2. Kind: Gott, du hast uns Hände und Arme geschenkt, die offene Tore sein können. Durch sie können wir andere annehmen, beschenken und beschützen. Verzeihe uns, wenn wir Hände und Arme und damit unser Herz für andere verschließen.

ERWACHSENER: Gott, laß uns offene Tore sein für dich und für die Menschen. Öffne uns und unsere Sinne, damit du bei uns und durch uns ankommen kannst durch Jesus Christus, der mit dir und dem Heiligen Geist lebt und uns liebt heute und in Ewigkeit. Amen. Lied-Tanz »Macht die Türen auf«

Evangelium

PRIESTER: Heute hören und sehen wir die Frohe Botschaft, wie Jesus bei Zachäus ankommen konnte. Weil Zachäus für Jesus eine offene Tür hatte, konnte sein Leben heil und neu werden. Jesus will auch bei uns ankommen, um uns heil und froh zu machen.

1. Bild/Dia:

PRIESTER: Zachäus wohnt in Jericho. Er ist Oberzöllner und sehr reich. Viele Leute kommen. Sie bringen Sachen in die Stadt, um sie zu verkaufen. Dafür müssen sie dem Zöllner Zachäus Geld geben, sonst dürfen sie nicht in die Stadt hinein. Zachäus verlangt oft zuviel Geld. Er ist ein Gauner. Er betrügt die Menschen.

1. KIND: Zachäus ist nicht glücklich. Was nützt ihm das viele Geld? Er hat keine Freunde. Wer keine Freunde hat, ist arm und einsam. Ein guter Freund ist mehr wert als Gold und Geld.

PRIESTER: Zachäus hat keine Freunde, weil er ein Zöllner ist. Die Juden verachten die Zöllner, weil sie für die Römer, für die Feinde, arbeiten.

2. KIND: Wer einsam ist und von anderen abgelehnt wird, der liebt etwas anderes: das Fernsehen, Süßigkeiten, Computerspiele... Etwas anderes muß ihm den Freund ersetzen. Das ist auch bei uns so. Für Zachäus ist es das Geld.

2. Bild/Dia:

PRIESTER: Jesus ist unterwegs. Er geht zu den Menschen, die seine Hilfe brauchen. Jesus kommt nach Jericho. Wo Jesus ankommt, da schenkt er Frieden und Freude.

1. KIND: Kann Jesus bei Zachäus ankommen? Erwartet er ihn überhaupt? Oder denkt er nur an das Geld? Wird Jesus ihm Frieden und Freundschaft schenken können?

3. Bild/Dia:

PRIESTER: Zachäus hat offene Ohren. Er hört: Jesus kommt. – Jesus kommt! Das ist wunderbar! Zachäus macht sich sofort auf den Weg. Er will Jesus sehen. Er will dabei sein, wenn Jesus kommt. Deshalb rennt er weg von seiner Zollstätte. Aber da stehen schon ganz viele Menschen. Sie versperren ihm die Sicht. Sie verdecken Jesus. Sie lassen Jesus nicht durchscheinen.

2. KIND: Zachäus ist klein. Er kann Jesus nicht sehen. Ob Jesus nur zu den großen und frommen Leuten kommt? Ob er nur da ankommt, wo alles heil und in Ordnung ist?

PRIESTER: Die Leute gehen nicht zur Seite. Sie denken: Zachäus braucht Jesus nicht zu sehen. Er hat es nicht verdient. Für den Zöllner, für den Betrüger, ist Jesus nicht gekommen!

2. KIND: Was soll Zachäus jetzt tun?

4. Bild/Dia:

PRIESTER: Zachäus tut etwas. Er läuft ganz schnell zu einem Baum. Er muß Jesus sehen. Die Leute sollen ihm nicht im Weg stehen, ihm nicht die Sicht nehmen. Sie sollen ihm Jesus nicht verdecken.

1. KIND: Zachäus muß Hindernisse überwinden, um Jesus zu sehen. Ob der reiche Zachäus sich nicht lächerlich macht vor den anderen, wenn er auf einen Baum klettert?

5. Bild/Dia:

PRIESTER: Zachäus überlegt nicht lange. Er will Jesus sehen, darum klettert er auf einen Baum. Er muß Jesus sehen, wenn er kommt. Zachäus erwartet ihn. Er hat ganz offene Augen für ihn. Zachäus ist gespannt. Er freut sich, daß Jesus kommt.

6. Bild/Dia:

2. KIND: Jesus kommt. Er kommt zu Zachäus. Er sieht den kleinen Mann auf dem Baum. Er schaut ihn an. Er hat offene Augen für ihn.

PRIESTER: Jesus öffnet seinen Mund und spricht ihn an: »Zachäus, komm schnell herunter! Ich will heute bei dir ankommen. Ich will dein Gast sein.«

Zachäus schaut Jesus erstaunt an. Damit hat er nicht gerechnet, daß Jesus ihn sieht, ihn anspricht, ganz offen ist für ihn. Damit hat Zachäus nicht gerechnet, daß Jesus zu ihm kommen will, sein Gast sein will.

1. KIND: Jesus kommt. Er kommt auch zu uns. Er ist immer unterwegs zu uns. Ob er auch bei uns ankommen kann? Ob wir für ihn eine offene Tür haben?

Liedruf »Macht die Türen auf«

1. KIND: Jesus kommt zu den Menschen, die von den anderen abgelehnt und verstoßen werden!

2. KIND: Jesus kommt zu den Menschen, mit denen wir nichts zu tun haben wollen!

PRIESTER: Jesus kommt zu allen Menschen. Allen Menschen bietet er seine Freundschaft und Liebe an. Er kommt zu allen, die für ihn eine offene Tür haben.

Liedruf »Macht die Türen auf«

7. Bild/Dia:

PRIESTER: Zachäus hört und staunt. Schnell klettert er vom Baum. Jesus kann zu ihm kommen. Jesus kann bei ihm ankommen. Zachäus hat für Jesus eine offene Tür.

8. Bild/Dia:

PRIESTER: Jesus geht zu Zachäus, er will in sein Haus kommen. Zachäus hat für ihn eine offene Tür. Weiß er, worauf er sich da einläßt?

1. KIND: Wer Jesus bei sich aufnimmt, der kann nicht so bleiben, wie er ist. Wer Jesus bei sich aufnimmt, der muß sein Leben ändern.

2 KIND: Wer Jesus einläßt, der muß alles Dunkle und Böse aus seinem Leben vertreiben.

1. KIND: Wer sich auf Jesus einläßt und seine Freundschaft annimmt, der muß versuchen, immer mehr sein Freund zu werden.

PRIESTER: Wer die Freundschaft Jesu annimmt, der darf sein Herz nicht mehr an Geld oder andere Dinge verlieren. Jesus will unser Freund sein! Er bietet uns seine Freundschaft an. Wollen wir seine Freunde sein?

2. KIND: Jesus will auch zu uns kommen. Haben wir für ihn eine offene Tür?

Liedruf »Macht die Türen auf«

9.Bild/ Dia:

1. KIND: Zachäus freut sich. Er freut sich, daß Jesus bei ihm ist. Jesus ist bei ihm angekommen, weil er eine offene Tür für ihn hatte.

PRIESTER: Für Zachäus ist es Weihnachten geworden. Jesus ist bei ihm. Er ist in sein dunkles Leben, in seine dunkle Nacht der Einsamkeit und Schuld gekommen. Jesus bringt Licht in sein Leben. Er schenkt ihm Freude und Freundschaft. Jesus schenkt ihm die Hoffnung, daß jetzt alles heil und gut ist.

Jesus liebt Zachäus, darum ist er in sein Haus gekommen. Jesus ist sein Freund. Das ist für Zachäus Grund genug, um sich zu freuen und glücklich zu sein.

10. Bild/Dia:

PRIESTER: Die Leute ärgern sich. Sie schimpfen. Sie können es nicht verstehen, daß Jesus ausgerechnet zu dem bösen Zachäus geht. Der ist doch ein Betrüger, ein Dieb! Ob Jesus das nicht weiß? Wie kann er sich nur mit so einem Menschen an den Tisch setzen? Nein, Jesus kann nicht von Gott kommen. Gott hat doch die guten und die frommen Menschen lieb. – Oder? —

ERWACHSENER: Jesus aber geht zu Zachäus. Er zeigt damit: Gott hat alle Menschen lieb. Versteht es doch: Wer krank ist, der braucht einen Arzt, wer einsam ist, der braucht einen Freund, der ihn liebt. Wer böse ist, der braucht jemanden, der ihm vergibt, der ihm hilft, wieder gut zu werden.

Jesus ist gekommen, um alle Menschen heil und gut zu machen. Darum haben die Hirten zuerst die Frohe Botschaft gehört, daß Gott in Jesus zu uns gekommen ist, darum haben die Heiden den Stern gesehen, der sie zu Jesus geführt hat. Ob wir – wie Jesus – allen Menschen zeigen: Gott hat euch lieb! Gott ist bei euch! Gott schenkt euch Frieden und Freundschaft. Gott will, daß ihr heil und gut werdet!

11.Bild/ Dia:

PRIESTER: Zachäus freut sich, daß Jesus bei ihm ist. Zachäus spürt, wenn ich ein Freund Jesu sein will, dann muß ich mein Leben ändern, dann muß Jesus für mich wichtiger werden als das Geld. Jesus liebt mich, das ist mehr wert als Gold und Geld. Deshalb sagt er zu Jesus: Die Hälfte von meinem Vermögen gebe ich den Armen. Wer bei mir zuviel bezahlt hat, der bekommt alles vierfach zurück.

ERWACHSENER: Zachäus hält sein Gold nicht mehr krampfhaft fest. Er teilt es aus. Er gibt ab. Er gibt zurück. Jetzt steht seiner Freundschaft mit Jesus nichts mehr im Weg. Jetzt sind alle Hindernisse überwunden, die ihn von Jesus trennen. Jetzt kann er Weihnachten feiern, weil Jesus bei ihm angekommen ist.

Lied GL 107, 1. Str.»Macht hoch die Tür«

12. Bild/Dia:

PRIESTER: Jesus freut sich, weil er bei Zachäus angekommen ist. Er sagt: Jetzt freut sich Gott! Gott freut sich, weil Zachäus heil geworden ist und gut.

1. KIND: Kann Jesus bei uns auch so ankommen?

2. KIND: Jesus sagt: Ich bin gekommen, um die Menschen zu retten, um sie heil und gut zu machen.

ERWACHSENER: Jesus ist der Retter der Welt, der Freund aller Menschen. Wo er ankommt, da ist Weihnachten, da wird alles heil und gut.

Instrumentalmusik

Glaubensbekenntnis

1. KIND: Ich glaube an Gott, der in Jesus Christus an unsere Türen geklopft hat, um unsere Herzen zu öffnen für die Mutlosen und Kranken, für die Trauernden und Fremden unter uns.

2. KIND: Ich glaube an Gott, der uns seinen Heiligen Geist gegeben hat, damit wir mit offenen Sinnen einander in Liebe begegnen, gastfreundlich sind und Sorge füreinander tragen.

ERWACHSENER: Ich glaube an Gott, der sein Volk besucht und ihm Erlösung geschaffen hat.

Ich glaube, daß er immer bei uns ankommen will, um uns Vergebung der Schuld und einen neuen Anfang zu schenken. Ich glaube, daß er der Immanuel, der Gott mit uns ist, wenn wir Wege gehen, die für uns oder andere zum Leben führen.

Lied-Kanon » Mache dich auf und werde Licht«

Fürbitten

PRIESTER: Wir feiern Advent, die Ankunft des Herrn. Mit unseren Gebeten und Bitten öffnen wir uns für den Herrn:

1. KIND: Jesus, du bist uns nahe. Du willst immer bei uns ankommen. Hilf, daß alle Menschen für dich eine offene Tür haben. (zündet ein Licht an und stellt es in das Tor)

Liedruf »Mache dich auf und werde Licht!«

2. KIND: Jesus, du bist der gute Freund aller Menschen. Hilf allen Menschen, deine Freundschaft und Liebe anzunehmen. *(zündet ein Licht an und stellt es in das Tor)* Liedruf

3. KIND: Jesus, du bist der Retter der Welt. Komm, und mache uns und diese Welt heil und gut. *(zündet ein Licht an und stellt es in das Tor)* Liedruf

ERWACHSENER: Bei Zachäus ist es Weihnachen geworden, weil Jesus bei ihm angekommen ist. Zachäus hatte eine offene Tür für ihn. Zachäus hat Jesus in sein Haus, in sein Leben, in sein Herz eingelassen. Jesus will auch bei uns ankommen. Er steht vor der Tür und klopft an. Er will kommen und Mahl mit uns halten. Ich wünsche uns und allen Menschen, eine offene Tür für ihn zu haben. *(zündet ein Licht an und stellt es in das Tor)* Liedruf

PRIESTER: Alle, die eine besondere Bitte haben, können jetzt ein Licht entzünden und es in das Tor stellen. Jesus, das Licht, kommt, um alle unsere Dunkelheiten zu vertreiben, um unsere Nacht zu verwandeln in eine heilige Nacht.

Gabenbereitung

Lied »Licht der Liebe«

Gabengebet

Gott, mit Brot und Wein decken wir unseren Tisch, damit Jesus kommen und mit uns Mahl halten kann. Verwandle uns mit diesen Gaben, damit wir wie Zachäus neue Menschen werden, durch Jesus, unseren Freund und Bruder. Amen.

Drittes Hochgebet für Kinder

Präfation

Es ist gut und wichtig, dir, Gott, immer und überall zu danken durch Jesus Christus, deinen Sohn. Er ist gekommen, um alles heil und gut zu machen. Wir danken dir, daß du uns durch ihn deine Freundschaft geschenkt hast. Mit allen, die sein Kommen erwarten und für ihn eine offene Tür hatten, loben wir dich und singen voll Freude:

Heilig-Lied »Heilig, heilig, heilig« (Schubert)
mit Gebärden und Lichtern

Vaterunser

Friedenstext

1. KIND: Jesus konnte bei Zachäus ankommen und ihm Vergebung und Frieden schenken.

   Jesus ist jetzt bei uns. Er schenkt uns Vergebung und Frieden. Er sagt: Friede sei mit euch.

Liedruf GL 512: »Jesus ist bei uns. Er sagt: Friede sei mit euch.«

2. KIND: Zachäus änderte sein Leben. Was er anderen weggenommen hatte, gab er zurück. Die Freundschaft mit Jesus war für ihn wichtiger als Geld und Gold.

   Jesus will auch unser Freund sein. **Liedruf**

1. KIND: Freunde essen miteinander. Jesus hat mit Zachäus gegessen und getrunken. Jesus will auch mit uns Mahl halten. LIEDRUF

Kommunionausteilung *(Orgel- oder Instrumentalmusik)*

Danklied GL 106, 1.+2. Str. »Kündet allen in der Not«

Schlußgebet

Gott, wir feiern Advent, deine Ankunft bei uns. Komm als Licht in unsere Dunkelheit, komm, und schenke uns deinen Frieden und dein Heil durch Jesus, unseren Freund und Bruder. Er hat sich an uns verschenkt in seinem Wort und im heiligen Brot. Bleibe bei uns an allen dunklen Tagen im Advent. Öffne unsere Sinne, damit wir deine Nähe und Liebe erfahren heute und an allen Tagen bis in Ewigkeit. Amen.

Schlußlied-Tanz »Komm, Herr, segne uns«

»Machet dem Herrn die Wege bereit«

Advent

Vorzubereiten:
Fußspuren für alle – Stifte

Eröffnung
Lied GL 115,1.-3. Str. »Wir sagen euch an den lieben Advent« *oder* »Das Licht einer Kerze ist im Advent erwacht« *(Kinder zünden Lichter am Adventskranz an)*

Begrüßung und Einführung
PRIESTER: »Freut euch, ihr Christen, freuet euch sehr! Schon ist nahe der Herr!« Wir Christen haben allen Grund, uns zu freuen, weil Gott uns nahe ist und weil er immer neu bei uns ankommen will. Darum beginnen wir die Feier seiner Ankunft: Im Namen des Vaters und des Sohnes und des Heiligen Geistes. Amen. Damit Jesus Christus bei uns ankommen kann, müssen wir ihm immer neu die Wege bereiten.

1. KIND: »Machet dem Herrn die Wege bereit!« Wie kann das geschehen? – Was sollen wir tun?

MUTTER: Nehmt euch einander an, achtet aufeinander, hört aufeinander, dann bereitet ihr dem Herrn die Wege.

JUGENDLICHER: Was sollen wir tun? – Wie können wir dem Herrn die Wege bereiten?

MUTTER: Wir haben es doch gerade gesungen: »Nun tragt eurer Güte hellen Schein weit in die dunkle Welt hinein.« Gott liebt uns, er ist uns nahe. Um Gottes Nähe und Liebe zu spüren, sollen auch wir uns einander lieben und Freude schenken. So bereiten wir einen Weg für Jesus, der bei uns ankommen will.

Lied »Im Advent, im Advent ist ein Licht erwacht«

Gebet

Gott, du bist der Immanuel, der Gott mit uns. Wir warten auf dich. Komm in unser Leben, komm, um unsere kranke Welt zu retten. Komm bei uns an: im Glauben, in der Hoffnung und in der Liebe. Komm in den großen und kleinen Lichtern, die wir in der Dunkelheit unseres Lebens und dieser Welt entzünden. Laß andere durch uns deine Nähe und Liebe erfahren, damit Weihnachten für uns alle ein Tag der Freude wird. Darum bitten wir durch Jesus Christus, der mit dir und dem Heiligen Geist lebt und uns liebt, heute und in Ewigkeit. Amen.

Lesung nach Phil 4,4-7

Liedruf »Mache dich auf und werde Licht!«

LEKTOR(IN): Freut euch im Herrn zu jeder Zeit! Noch einmal sage ich: Freuet euch! Eure Güte werde allen Menschen bekannt. Alle sollen durch euch erfahren: Gott ist ganz nahe. **Liedruf**

LEKTOR(IN): Der Herr ist nahe. Sorgt euch um nichts. Betet allezeit und bringt eure Bitten mit Dank vor Gott. **Liedruf**

LEKTOR(IN): Gott erfülle eure Herzen und Gedanken mit seinem Frieden. Er bewahre euch in der Gemeinschaft mit Jesus Christus, der gekommen ist, um der Welt das Licht des Friedens zu bringen. **Liedruf**

Evangelium nach Lk 3,10-18

LEKTOR(IN): Ganz viele Menschen kamen zu Johannes, der in der Wüste taufte. (5 Kinder kommen) Sie fragten:

KINDER: Was sollen wir tun?

ERZÄHLER(IN): Johannes sagte:

JOHANNES: Ihr seid reich. Ihr habt viele Kleider, während andere nichts haben oder nur Lumpen. Teilt eure Kleider mit den Armen!

1. KIND: Und was kann ich tun?

JOHANNES: Du kannst alle Tage viel essen und trinken. Teile dein Essen und deine Süßigkeiten mit denen, die hungrig und durstig sind!

2. KIND: Ich bin ein Zöllner. Was soll ich tun?

JOHANNES: Du hast am Zoll den Leuten oft mehr Geld abgenommen, als nötig war. Teile dein Vermögen und betrüge nicht mehr!

3. KIND: Ich bin ein Soldat. Was soll ich tun?

JOHANNES: Du sollst niemanden schlagen und verletzen, keinen bedrohen oder erpressen! Verzichte auf Gewalt und hilf den Kleinen, die oft bedroht und an den Rand gedrängt werden!

ERZÄHLER(IN): Das Volk wartete sehnsüchtig auf den Messias, den Gott versprochen hatte. Jetzt überlegten sie im Stillen, ob Johannes nicht selbst der Messias sei, den sie erwarteten. Doch Johannes sagte:

JOHANNES: Ich taufe euch nur mit Wasser. Es kommt aber einer, der ist viel stärker als ich. Ich bin nicht wert, ihm die Schuhe aufzuschnüren. Er wird euch mit dem Heiligen Geist und mit Feuer taufen. Er wird euch heilen und erlösen. Er wird euch richten, wie man bei der Ernte Stroh und Weizen voneinander trennt.

ERZÄHLER(IN): Mit diesen und vielen anderen Worten ermahnte Johannes die Menschen, die zu ihm kamen.

4. KIND: Und was kann ich heute tun?

JOHANNES: Du kannst teilen, helfen und vielen Menschen Freude schenken. Du kannst dein Geld teilen mit armen Kindern und es Weihnachten mit zur Krippe bringen. Du kannst zu Hause der Mutter helfen, in der Schule, oder im Kindergarten kannst du schwächeren Kindern beistehen. Wenn du das tust, dann kann Gott bei den Menschen ankommen. Gott ist ein Freund aller Armen, Kleinen und Schwachen. Das hat er uns in Betlehem gezeigt.

5. KIND: Und was kann ich tun?

JOHANNES: Du kannst Frieden stiften in der Familie, in der Schule, beim Spiel und auf der Straße. Verzichte auf Gewalt und hilf denen, die von anderen an den Rand gedrängt oder mit spitzen Worten beleidigt werden. Wenn du das tust, dann kann Gott bei den Menschen ankommen, denn er ist ein Gott des Friedens. Weihnachten hat Jesus uns und der Welt den Frieden gebracht, den Frieden von Gott.

Aktion

Überlegt jetzt in der Stille, was ihr tun könnt, damit Gott bei euch oder durch euch bei anderen ankommen kann. Schreibt auf die Fußspuren, wie ihr dem Herrn einen Weg bereiten wollt. *(aufschreiben – Fußspuren einsammeln – einen Weg legen zu der Stelle, wo die Krippe aufgebaut wird – einige Aussagen vorlesen)* – **Liedruf** » Seid bereit, seid bereit, denn der Herr aller Herren ist nicht mehr weit« (Refrain aus dem Lied:»Im Advent, im Advent ist ein Licht erwacht«) *oder:*

Ansprache

Claus war arm dran. Seit drei Jahren war er arbeitslos. Er wußte nicht, was er machen sollte. Er half, wo er gebraucht wurde. Am 5. Dezember kam ein gutgekleideter Herr mit einem Mercedes vorgefahren und bat ihn, für seinen fünfjährigen Sohn den Nikolaus zu spielen.

Claus war gerne bereit, diese Aufgabe zu übernehmen. Er staunte, als der Mann den Sack mit den Geschenken auspackte, die er dem kleinen Andreas bringen sollte: einen echt ledernen Fußball, zwei teure Bilderbücher, ein Auto mit Fernsteuerung und eine Unmenge an Nüssen und Süßigkeiten. Claus besorgte sich ein Nikolausgewand und ging am nächsten Tag mit seinem Sack in die Kronengasse. Er holte den Zettel mit der Anschrift aus der Tasche. O weh, da stand etwas in unleserlicher Handschrift geschrieben. Mühsam entzifferte er: Kronengasse 17. Das Haus Nr. 17 war ein hohes Mietshaus. Konnte hier eine reiche Familie wohnen? »Biedenbrett« stand auf der obersten Klingel. Hier mußte es sein. Claus klingelte und schleppte seinen Sack bis ganz oben. Ein kleiner Junge mit großen schwarzen Augen öffnete die Tür. Das Kind und seine Eltern, die sehr arm waren, verwirrten Claus. Was sollte er jetzt tun? – »Bei mir ist der Nikolaus noch nie gewesen,« sagte das Kind und schaute gespannt auf den Sack. Claus konnte nicht anders. Er öffnete den Sack und holte ein Teil nach dem anderen aus dem Sack und gab es dem überraschten Kind. Die leuchtenden Kinderaugen und die Freudensprünge des Jungen machten Claus froh, obwohl er spürte, daß er das falsche Kind beschert hatte.

Als er mit dem leeren Sack die Treppe hinabstieg, fühlte er sich elend. Was sollte er machen, wenn er Schadenersatz leisten mußte? Er zog noch einmal den Zettel aus der Tasche. Die 7 konnte auch eine 2 sein. Langsam ging er zur Kronengasse 12. Er sah sofort, daß er diesmal an der richtigen Stelle war. Der schöne Bungalow und der gepflegte Vorgarten paßten zu dem reichen Mann, der ihm den Auftrag gegeben hatte. An der Klingel stand »Biedenstaedt«. Was sollte er jetzt tun? Sein Sack war leer. Kaum hatte er geklingelt, da kam ein kleiner Junge an die Tür und holte den Nikolaus ins Wohnzimmer. Nun stand der arme Claus mitten im Zimmer, und alle schauten ihn mit erwartungsvollen Augen an.

»Da .., da..., ist mir eben eine merkwürdige Sache passiert,« stotterte der Nikolaus. »Ich war gerade auf dem Weg hierher, da begegnete mir ein kleiner Junge, der sehr, sehr arm war. Er hatte noch nie einen Ball, noch nie ein Spielzeug-Auto geschenkt bekommen. Süßigkeiten kannte er kaum. Er hatte Hunger. Als ich sah, wie arm das Kind war, konnte ich nicht anders, als dem Kind alles schenken, was ich für dich, Andreas, mitgebracht hatte. Nun habe ich nichts mehr für dich.« Andreas sah den Nikolaus fassungslos an. In seinem Gesicht arbeitete es. Dann drehte er sich rasch um und stürzte aus dem Zimmer. Drei Erwachsene standen sich gegenüber und sagten kein Wort. Alle warteten auf das Schluchzen aus dem Kinderzimmer. Da geschah es. Die Tür wurde aufgerissen, und Andreas stand da und hatte einen Teddybär und einen Baukasten in der Hand und sagte: »Lieber Nikolaus, geh noch einmal zu dem armen Kind und schenke ihm auch diese Sachen. Es hat sicher keinen Bär, den es mitnehmen kann ins Bett.« Andreas bekam ein dickes Lob vom Nikolaus, der ihm versprach, daß er seine Sachen gerne zu dem armen Kind bringen würde.

Als Claus dem reichen Mann alles erzählt hatte, was geschehen war, erklärte er sich bereit, den Schaden zu bezahlen. »Von Bezahlen kann keine Rede sein«, sagte der Mann. »Ich habe mein Kind verwöhnt, an die Armut der anderen Kinder habe ich nicht gedacht. Ich hielt meinen Sohn für einen kleinen Egoisten. Seit heute weiß ich, daß er verzichten und teilen kann, wenn es nötig ist. Das ist für mich ein großes Geschenk.«

Claus fiel ein Stein vom Herzen. Er fühlte sich wie ein beschenktes Kind. Ob Gott und der heilige Nikolaus hier nicht die Hände mit im Spiel hatten?

Tanz »Macht die Türen auf«

Fürbitten

PRIESTER: Wo Menschen teilen und sich beschenken, da ist Advent, da bereiten sie dem Herrn einen Weg. In der Freude und in der Liebe, die wir erleben und anderen schenken, kann Gott ankommen. Ihn bitten wir:

1. KIND: Für alle, die arm sind, laß sie Menschen finden, die mit ihnen teilen.

ALLE: Hilf uns, dir die Wege zu bereiten!

2. KIND: Für alle, die reich sind. Öffne ihre Augen, ihre Ohren, ihre Herzen und ihre Hände, daß sie die Not der anderen wahrnehmen und bereit sind, ihnen zu helfen. A.:

3. KIND: Für alle, die nur an sich denken, die alles für sich haben und behalten wollen. Laß sie durch uns erleben, wie froh und glücklich wir werden, wenn wir teilen und verzichten. A.:

4. KIND: Für alle, die gleichgültig dahinleben. Laß sie deine Nähe spüren und sich fragen, was sie tun können, um dir die Wege zu bereiten. A.:

5. KIND: Für unsere Gemeinde. Laß alle, in der Vorfreude auf Weihnachten, dir die Wege bereiten. A.:

6. KIND: Für unsere Toten, mit denen wir uns in Liebe verbunden wissen. Laß sie für immer leben in deinem Licht. A.:

PRIESTER: Gott, hilf uns, deinem Sohn die Wege zu bereiten, heute und an allen Tagen im Advent. Amen.

Gabenbereitung

Lied »Ein Licht leuchtet auf in der Dunkelheit«

Gabengebet

Gott, wir bringen Brot und Wein, um dir zu zeigen, daß wir bereit sind, alles miteinander zu teilen. Verwandle uns mit diesen Gaben in liebende Menschen, die deinem Sohn die Wege bereiten. Komm in unsere Familien, in unsere Gemeinde und in diese unsere Welt, damit Weihnachten wird hier und überall. Amen.

Drittes Hochgebet für Meßfeiern mit Kindern (Advent)
Präfation
Wir danken dir, lebendiger Gott, daß du uns nahe bist, daß du bei uns ankommen willst durch Jesus Christus, deinen Sohn. Durch ihn zeigst du uns, daß du ein Freund aller Armen, Kleinen und Schwachen bist. Durch ihn zeigst du uns Wege zum Licht und zum Leben. Mit allen, die in deinem Licht leben, loben wir dich und singen voll Freude:
Heilig-Lied »Heilig, heilig bist du« (Melodie: Ehre, Ehre sei Gott) *mit Gebärden*

Vater unser *singen (mit Gebärden)*

Friedenstext
1. KIND: Wo Menschen Frieden schließen und sich die Hand zur Versöhnung reichen, da ist Advent, Ankunft des Herrn.
2. KIND: Wo Menschen aufeinander zugehen und miteinander teilen, wo sie Hungrige speisen und Kranke heilen, da ist Advent, Ankunft des Herrn.
1. KIND: Wo Menschen sich erbarmen der Schwachen und Armen, der Blinden und Lahmen, da ist Advent, Ankunft des Herrn.
2. KIND: Wo Menschen auf Gewalt verzichten und Frieden stiften, da ist Advent, Ankunft des Herrn.
1. KIND: Wo wir die Wahrheit sagen und uns für Gerechtigkeit einsetzen, da ist Advent, Ankunft des Herrn.
2. KIND: Wo wir Freude schenken und uns freuen am Glück anderer Menschen, da ist Advent, Ankunft des Herrn.

Friedensgruß
Lied GL 106 » Kündet allen in der Not«

Kommunionausteilung *(Orgel- oder Instrumentalmusik)*
Danklied »Ein Licht geht uns auf in der Dunkelheit«

Schlußgebet

Immanuel, du Gott mit uns, laß uns spüren, daß du uns nahe bist. Laß uns, durch dieses Mahl gestärkt, deinem Sohn die Wege bereiten, damit er ankommen kann in uns und durch uns. Laß uns leben in deiner Liebe und in deinem Licht, bis Jesus wiederkommt am Ende unserer Zeit, um uns heimzuholen in deine Ewigkeit. Amen.

Segen

Lied »Tragt in die Welt nun ein Licht«

Gott beschenkt uns

Weihnachten

Vorzubereiten:

Päckchen – Pakete beschriften (siehe Karte) und sie so aufstapeln, daß Krippe und Kind in einer Öffnung oder davor Platz finden – Karten für alle

Einzug

Lied-Tanz »Mache dich auf und werde Licht«
Kinder und Erwachsene ziehen im Pilgerschritt mit Lichtern in den Händen singend und tanzend in die dunkle Kirche ein. Sie tanzen durch den Mittelgang und bilden einen Kreis (oder zwei Kreise) um den Altar.

Begrüßung

PRIESTER: Wir feiern miteinander den Heiligen Abend, die heilige Nacht: Im Namen des Vaters ... Herzlich begrüßen wir alle, die zu diesem Gottesdienst gekommen sind. Wir können miteinander feiern, weil Gott uns in seiner Liebe reich beschenkt hat. Er hat uns Jesus geschenkt, ein Kind, das die Welt rettet. In diesem Kind schenkt Gott sich selbst, schenkt er uns seine Nähe und Liebe. Gottes Liebe sei mit euch heute und an allen Tagen eures Lebens.

Einführung

1. KIND: Gott beschenkt uns? Daran habe ich noch gar nicht gedacht. Ich freue mich auf die Geschenke, die ich heute von meinen Eltern, Großeltern und Geschwistern bekomme.

2. KIND: Ich habe gebastelt und kleine Geschenke gekauft, um Menschen zu überraschen, die ich gern habe.

MUTTER: Geschenke sind immer Zeichen der Liebe. Mit unseren Geschenken, die wir mit Liebe ausgesucht und eingepackt haben, sagen und zeigen wir einander: Du, ich mag dich! Ich hab dich lieb! Ich will, daß du froh und glücklich bist!

PRIESTER: Alle Geschenke, die wir heute bekommen oder geben, wollen uns an das große Geschenk erinnern, das Gott Weihnachten den Menschen gegeben hat. Gott hat uns Jesus geschenkt, um uns allen nahe zu sein, unsere Welt zu retten, alles heil und gut zu machen.

Gebet

3. KIND: Guter Gott, du weißt, was wir brauchen. Du hast uns Jesus, deinen Sohn, geschenkt. Er ist dein größtes Geschenk an uns. Durch ihn bist du immer bei uns. Dafür danken wir dir.

4. KIND: Gott, wir danken dir, daß du uns liebst. Wir feiern heute, daß du uns Jesus, unseren Freund und Bruder geschenkt hast. Mache uns offen und bereit, dankbar anzunehmen, was du uns heute schenken willst, durch Jesus unseren Erlöser und Retter.

5. KIND: Gott, laß uns über alle Geschenke, die wir heute bekommen, dein großes Geschenk nicht vergessen: Jesus, der gekommen ist, um allen Menschen deine Liebe und deinen Frieden zu schenken heute und für immer. Amen.

Lied-Tanz »Macht die Türen auf«

Evangelium (nach Lk)

PRIESTER: Vor langer Zeit herrschte in Rom der Kaiser Augustus.

AUGUSTUS: Hört alle her! Ich bin der Kaiser Augustus. Ich bin der mächtigste Mann der Welt. Ich herrsche über viele Länder der Erde. Überall sorgen meine Soldaten für Ordnung. Ich lasse Straßen bauen, Siegessäulen und Triumphbögen. Dafür brauche ich viel Geld. Deshalb müssen alle, die in meinem Reich leben, Steuern zahlen. Alle müssen sich dort in Steuerlisten eintragen lassen, woher ihre Familie kommt. Das ist mein Befehl! – *(geht ab)*

JOSEF: Maria, hast du das gehört? Wenn der Kaiser etwas befiehlt, dann müssen wir gehorchen.

MARIA: Dann müssen wir ja hinaufgehen nach Betlehem, weil wir beide aus der Familie des Königs David stammen.

JOSEF: Maria, der Weg ist aber sehr weit. Besonders für dich.

MARIA: Gut, Josef, daß du mit mir gehst. Gott wird bei uns sein.

PRIESTER: Und alle gingen, um sich eintragen zu lassen. So gingen auch Maria und Josef aus der Stadt Nazaret nach Betlehem, das im Bergland von Judäa liegt. Maria erwartete ein Kind, ein Kind von Gott. Gottes Bote, ein Engel, hatte zu Maria gesagt: Du wirst einen Sohn zur Welt bringen. Du sollst ihn Jesus nennen, denn er wird sein Volk erlösen.

JOSEF: Schau, Maria, dort liegt Betlehem, die Stadt des großen Königs David. Gleich sind wir da!

MARIA: Das ist gut, Josef, denn ich bin sehr müde. Ich brauche einen Ort, wo ich bleiben kann, wo mein Kind zur Welt kommen kann.

JOSEF: Betlehem heißt: Haus des Brotes. Ich hoffe, daß wir dort ein Haus und auch Brot finden.

PRIESTER: In Betlehem fanden Maria und Josef kein Haus, wo sie bleiben konnten. Alle Türen waren für sie verschlossen. Weil in der Herberge kein Platz für sie war, wurde Jesus in einer dunklen Höhle, in einem Stall geboren. Maria wickelte ihr Kind in Windeln und legte es in eine Krippe. *(Maria und Josef legen das Kind in die Krippe)*

Lied 1.-3. Str. »Uns wird erzählt von Jesus Christ«

PRIESTER: Hirten hielten Nachtwache bei ihren Schafen, draußen auf dem Feld. Mitten in ihre Nacht und Dunkelheit leuchtete ein großes Licht auf. Ein Engel, ein Bote Gottes, kam und sagte:

1. ENGEL: Fürchtet euch nicht, ihr Hirten. Ich verkünde euch eine große Freude. Die ganze Welt soll sich freuen, denn heute ist euch in der Stadt Davids der Retter geboren: Christus, der Herr.

2. ENGEL: Freut euch, denn Gott hat euch reich beschenkt. In Jesus ist Gott zu euch und zu allen Menschen gekommen. Ihr werdet ein Kind finden, das in Windeln gewickelt in einer Krippe liegt.

PRIESTER: Plötzlich war bei dem Engel eine große himmlische Schar. Sie lobten Gott und sangen: Ehre sei Gott in der Höhe und Friede auf Erden den Menschen, die Gott liebt.

Mit den Engeln wollen wir Gott loben, tanzen und singen:

Lied-Tanz »Ehre sei Gott in der Höh«

PRIESTER: Die Hirten waren die ersten, die die Frohe Botschaft hörten. Sie sagten zueinander:

1. HIRT: Kommt, laßt uns nach Betlehem gehen und sehen, was Gott uns geschenkt hat.

2. HIRT: Gott ist bei den Menschen und wir sind für ihn ganz wichtig. Das ist ja wunderbar.

1. HIRT: Kommt, wir laufen schnell zum Stall.

PRIESTER: Sie fanden Maria, Josef und das Kind in der Krippe. Sie fielen nieder und beteten es an.

Lied »Uns wird erzählt von Jesus Christ« 4. Str.

2. HIRT: Jesus, der Heiland, ist für alle Menschen geboren. Kommt, wir müssen die Frohe Botschaft zu allen Menschen bringen.

1. HIRT: Kommt, wir gehen zurück und loben Gott für alles, was wir gesehen und gehört haben.

Lied »Engel auf den Feldern singen« 1.+2. Str.

Ansprache

Kinder haben ganz viele Päckchen und Pakete gepackt und sie hier aufgestapelt. In diesen Päckchen sind Geschenke, die wir nicht kaufen können. Diese Geschenke sind aber für unser Leben ganz wichtig. Auf die Päckchen haben Kinder geschrieben, was sie sich wünschen und was sie anderen schenken möchten. Sie haben Geschenke ausgewählt, die für unser Leben ganz wichtig sind, Geschenke, die wir nicht kaufen können.

Kinder lesen jetzt vor, was sie sich selbst oder anderen wünschen: Liebe, Friede, Freude, Freundschaft, Vertrauen, ein gutes Wort, Vergebung, Licht, Zeit, Mut, Hilfe . ... Mitten in diesen Berg von Geschenken haben Maria und Josef heute das Kind gelegt. Dieses Kind, das von Gott kommt, ist das größte Weihnachtsgeschenk für uns. Jesus, der die Liebe und Menschenfreundlichkeit Gottes ist, hat uns alle diese Geschenke von Gott mitgebracht. Vielleicht habt ihr in diesen Tagen Lust, mit Eltern, Geschwistern oder Freunden diese Pakete auszupacken und zu schauen, was euch da alles geschenkt wird. So viel kann ich euch schon verraten: Ihr werdet darin genau das finden, was das Leben froh macht und den Alltag verwandelt. Schenkt viel von dem, was ihr darin findet, weiter an andere, damit Weihnachten ein Fest des Lichtes und der Liebe, ein Fest des Friedens und der Freude für alle wird.

oder: In einem italienischen Dorf wurden am Heiligabend durch ein Erdbeben fast alle Häuser zerstört. Als die Menschen traurig vor den Trümmern standen, sagte der Bürgermeister: »Jetzt haben wir nichts mehr, was wir unseren Kindern schenken können.«

»Wir haben noch sehr viel, was wir den Kindern schenken können,« sagte eine Mutter. »Wir können ihnen ein Lächeln schenken, eine Umarmung, eine Zärtlichkeit, ein gutes Wort und vieles andere.« Paul Reding, ein Dichter unserer Tage, sagte: »Wir haben für unsere Kinder alles, nur kein Lächeln.« Hinter Bergen von Geschenken müssen viele Kinder und alte Menschen auf ein Lächeln, auf ein gutes Wort, auf einen Besuch, auf ein Zeichen von Zärtlichkeit verzichten.

Im Kind von Betlehem schaut Gott uns an, schenkt er uns sein Lächeln. Gott lächelt uns an durch Jesus, weil er uns liebt, weil er uns Mut machen will, einander anzulächeln. Wir können uns ein Lächeln schenken, das dem anderen sagt: »Du, ich mag dich!« Wir können uns ein Lächeln schenken, das sagt: »Ich kann dich und dein Verhalten verstehen. Ich vergebe dir. Zwischen uns ist alles wieder gut.« Wir können uns ein Lächeln schenken, das anderen Mut macht und ihnen hilft, die Traurigkeit zu überwinden. Ein Lächeln kann erlösen, befreien, einen neuen Anfang schenken. Ein Lächeln kann Menschen verwandeln.

Wir feiern heute, daß Gott Mensch geworden ist. Gott gibt uns in Jesus kostbare Geschenke, die wir nicht kaufen können. Gott schenkt sich selbst. Im Kind von Betlehem schenkt er seine Liebe, seinen Frieden, sein Heil. Mit Jesus schenkt er uns das Lächeln eines Kindes, ein Lächeln, das sagt: Du bist von Gott gewollt, von ihm geliebt.

Das Lächeln Gottes liegt in der Krippe, es ist Mensch geworden in Jesus. Gottes Lächeln macht uns Mut, daß wir uns heute mit einem Lächeln beschenken. Vielleicht habt ihr Lust, jetzt denen einen Lächeln zu schenken, die neben euch sitzen. Ein Lächeln kann eine Brücke sein, eine Verbindung herstellen zu dem, der mir fremd ist. Wenn wir und alle Christen heute Gottes Lächeln weiterschenken, dann können wir unsere Welt verändern.

Stille oder Instrumentalmusik

Fürbitten und Gabenbereitung

1. KIND: Ich bringe eine Schale mit Erde. Gott hat uns diese Erde geschenkt, damit wir sie hüten und pflegen. Ich bitte für alle Menschen, die auf dieser Erde leben. Jesus, du bist auf diese Erde gekommen, damit sie für uns zum Himmel wird.

Lied »Du bist da, wo Menschen lieben, du bist da, wo Liebe ist«

2. KIND: Ich bringe einen Krug, der aus Erde geformt ist. Ich bringe darin klares, sauberes Wasser. Wasser schenkt Leben. Ich bitte für alle Menschen, die Durst haben nach Liebe und Leben und für alle, die verdursten müssen, weil ihnen frisches Wasser fehlt. Jesus, du bist das lebendige Wasser. Du willst unseren Durst nach Liebe und Leben stillen.

Lied »Du bist da, wo Menschen leben, du bist da, wo Leben ist«

3. KIND: Ich bringe einen Blütenzweig. Ich bitte für alle, die keine Hoffnung haben, für die es keinen Hoffnungsschimmer gibt. Jesus, mitten im kalten Winter bist du aufgeblüht wie eine kostbare Blume. Du schenkst Hoffnung und blühendes Leben, wo Menschen nichts mehr erwarten.

Lied »Du bist da, wo Menschen hoffen, du bist da, wo Hoffnung ist«

4. KIND: Ich bringe einen Strohstern. Er erinnert an das Stroh in der Krippe. Ich bitte für alle, die ganz arm sind, die kein Bett und kein zu Hause haben. Jesus, du bist ganz arm geworden, um allen Armen in dieser Welt zu helfen.

Lied »Du bist da, wo Menschen helfen, du bist da, wo Hilfe ist«

5. KIND: Ich bringe einen großen Schlüssel. Ich bitte für alle Menschen, die verschlossen sind, die nicht an dich glauben, die dich nicht in ihr Leben einlassen. Jesus, du bist der Schlüssel. Du schließt uns den Himmel auf und willst, daß wir offen sind für dich und füreinander.

Lied »Du bist da, wo Menschen glauben, du bist da, wo Glaube ist«

6. KIND: Ich bringe eine Kerze, die Licht, Wärme und Freude schenkt. Ich bitte für alle, die traurig, einsam oder krank sind, für alle, die sich heute nicht freuen können. Jesus, du bist das Licht der Welt. Du willst, daß unser Leben warm, hell und froh ist.

Lied »Du bist da, wo wir uns freuen, du bist da, wo Freude ist«

MESSDIENER(IN): Ich bringe Brot und Wein, Gaben der guten Mutter Erde und der menschlichen Arbeit. Ich bitte für alle, die in diesen Tagen miteinander Gottesdienst feiern, daß sie durch diese Feier gestärkt werden und froh in ihren Alltag zurückkehren.

KATECHETIN: Jetzt sind alle Kinder eingeladen, Jesus ihre Geschenke zu bringen. Das Geld, das ihr im Advent gespart habt, soll vielen

Kindern Licht, Leben und Freude bringen. Was wir den Armen schenken, das schenken wir Jesus. Ihr könnt jetzt eure kleinen Krippen dem Kind in der Krippe schenken.

Allen, die hier sind, schenken wir eine Karte. Sie zeigt das Kind in der Krippe, das uns viele Geschenke mitbringt. Jesus ist es, der uns reich beschenkt mit Gaben, die wir nicht kaufen können. Wenn wir diese Geschenke, die wir nicht kaufen können, weiterschenken, dann breitet sich der Himmel, Gottes Reich auf dieser Erde aus.

Lied GL 141 »Ich steh an deiner Krippe hier« – *oder* »Tragt in die Welt nun ein Licht«

Gabengebet

Gott, wir danken dir für alles, was du uns geschenkt hast. Nimm mit Brot und Wein unsere Gaben an und laß sie für uns und für viele Menschen zum Heil und zum Segen werden durch Jesus Christus, unsern Bruder. Amen.

Drittes Hochgebet für Meßfeiern mit Kindern

Präfation

Ja, heilig bist du, schenkender Gott, Geber und Gabe zugleich. Wir danken dir für Jesus, dein größtes Geschenk, der Licht gebracht hat in unsere Dunkelheit, der unsere leeren Hände füllt mit sich selbst. Durch ihn schenkst du uns deine liebende Nähe, Frieden und Heil. Mit allen, die sich über dein Kommen freuen, mit allen, die sich von dir beschenkt wissen, mit allen, die deine Liebe annehmen und weitergeben, singen wir mit allen Engeln und Heiligen zu deinem Lob:

Heilig-Lied »Heilig, heilig bist du« (Melodie: »Ehre, Ehre sei Gott«) *mit Gebärden*

Vater unser

Weil Gott uns liebt und Jesus unser Bruder geworden ist, können wir als seine Brüder und Schwestern uns jetzt die Hände reichen und miteinander das Gebet sprechen, das Jesus uns geschenkt hat:

Friedensgruß

Die Engel auf den Feldern in Betlehem haben uns den Frieden verkündet: Frieden mit Gott, Frieden mit uns selbst, Frieden mit den
Menschen und der ganzen Schöpfung. Diesen weihnachtlichen Frieden können wir weiterschenken, damit Frieden wird auf dieser Erde.
Frieden können wir auf vielfache Weise weiterschenken: durch ein
gutes Wort, durch einen Händedruck oder ein anderes Zeichen der
Verbundenheit. Wir können auch auf die Karte ein liebes Wort oder
einen guten Wunsch schreiben, wir können sie Menschen geben oder
schicken, mit denen wir uns versöhnen wollen. So können wir mithelfen, daß viele Menschen sich freuen, weil Jesus geboren ist. Der
Friede des Herrn …
Lied GL 140, 1.+2. Str. »Zu Betlehem geboren«

Kommunionausteilung *(Orgel oder Instrumentalmusik)*
Danklied-Tanz Wunderkerze, Wunderkerze
*(Kinder bewegen sich in zwei Kreisen zum Lied in Gegenrichtung mit
großen Wunderkerzen. Der Innenkreis hält die Wunderkerze zum Altar,
der Außenkreis nach außen)*

Schlußgebet

Guter Gott, wir danken dir, daß Weihnachten geworden ist. Du hast
uns Jesus geschenkt, der jetzt bei uns ist und immer bei uns bleiben
will. Laß uns sein Licht und seine Freude, seine Liebe und seinen
Frieden weiterschenken an alle, die darauf warten. Amen.

Segen
Schlußlied GL 145 »Stille Nacht, heilige Nacht«

Geschenke, die für unser Leben ganz wichtig sind,
die wir nicht kaufen können.

Eine andere Möglichkeit zur Ansprache:
Das Geschenk des kleinen Hirtenjungen
Als die Engel den Hirten in Betlehem die Geburt des Jesuskindes verkündet hatten, machten sich die Hirten sofort auf den Weg. Ein kleiner Hirtenjunge lief noch ein wenig verschlafen hinter den großen Männern her. Im Stall stand er dann lange vor der Krippe mit dem Kind und staunte. Er wunderte sich, daß die sonst so rauhen Hirten ganz still und leise waren.

Auf dem Heimweg überlegten die Hirten, was sie dem Kind am nächsten Tag alles bringen wollten. »Da fehlt ja alles!« sagte einer der Hirten. »Ich melke ein Mutterschaf und bringe ihm die frische Milch.« »Ich habe noch ein gutes Stück Schafskäse für die junge Mutter«, meinte ein anderer. »Ich könnte einen Topf Fett entbehren«, überlegte wieder ein anderer. »Mehl fehlt, Feigen und Oliven. Kalt war es da, das Kind braucht ein warmes Lammfell«, sagten andere.

Der kleine Hirtenjunge hörte das alles. Er wurde traurig, denn er hatte nichts, was er dem Kind schenken konnte. Da brauchte er morgen erst gar nicht mitzugehen. Aber das Kind in der Krippe hatte ihn doch so lieb angelächelt, als hätte es sagen wollen: »Komm morgen wieder; ich warte auf dich.« Abends lag der kleine Hirte traurig auf seinem Stroh und konnte nicht schlafen. Immer wieder mußte er an das Kind in der Futterkrippe denken. Durch das kleine Fenster in der Hütte leuchtete der neue große Stern, der die Geburt des Kindes angezeigt hatte. Während er sich auf seinem Strohlager herumwälzte, sah er, wie die Strohhalme im Sternenlicht leuchteten. »Ja, du lieber Stern«, flüsterte der Hirtenjunge, »du hast mir einen Tip gegeben. Ich will dem Kind einen Stern schenken, einen Stern aus Stroh«. Leise und behutsam, damit niemand aufwachte, schnitt er mit seinem Messer ein paar Halme zurecht und legte sie quer übereinander; so daß ein schöner Strohstern entstand. Mit einem Wollfaden knotete er ihn fest. Er hielt ihn ins Sternenlicht und freute sich. Jetzt hatte er auch ein Geschenk für das Kind. Er konnte es kaum erwarten, bis er mit den Hirten am nächsten

Tag das Kind im Stall besuchen konnte. Er wartete, bis die Großen ihre Geschenke hingelegt hatten. Dann trat er hervor und hielt dem Kind zitternd seinen Strohstern hin. Und siehe da, das Kind hielt den Stern fest. Es lächelte den kleinen Hirtenjungen dankbar an. Dieser wäre am liebsten vor Freude in die Luft gesprungen.

(nach Hermine König, aus: »Das große Jahrbuch für Kinder«; Kösel Verlag)

Gottes Liebe ist nicht kleinzukriegen

Weihnachten

Vorzubereiten:
Krippe mit Stroh – Geschichte vom kleinen Hirten mit Strohhalm für alle

Einzug
Lied-Tanz »Komm mit zur Krippe« – Kinder und Erwachsene ziehen im Pilgerschritt mit Lichtern singend und tanzend in die dunkle Kirche ein und bilden einen großen Kreis *(oder drei Kreise)* um den Altar.

Lied oder Kanon

Komm mit zur Krippe,
Gott schenkt Licht in dunkler Nacht.
Er will bei uns wohnen.

Komm mit zur Krippe,
Gott schenkt Heil in einem Kind,
Jesus ist geboren.

Komm mit zur Krippe,
Gott schenkt Frieden unserer Welt,
Friede auf Erden.

Kommt mit zur Krippe,
betet an und freuet euch,
Jesus ist geboren.

(M.: »Schweige und höre«)

Begrüßung

PRIESTER: Wir feiern heute miteinander den Heiligen Abend, die heilige Nacht: Im Namen des Vaters ...

Die Liebe Gottes, die Mensch geworden ist in Jesus von Nazaret, sei mit euch allen.

Es ist gut, daß ihr da seid, liebe Kinder, daß Sie da sind, liebe Eltern, liebe Schwestern und Brüder. Da, wo wir miteinander und füreinander da sind, da ist auch Gott. Jahwe ist sein Name, das heißt:»Ich bin da!« In Jesus ist Gott mit seiner ganzen Liebe für uns da. Jesus schenkt uns die heilende Nähe und Zuwendung Gottes. Das ist der Grund unserer Freude. Wir feiern heute ein Fest, weil Gott uns liebt und seine Liebe nicht kleinzukriegen ist.

Einführung

MUTTER: Jesus ist gekommen, um Gottes Licht und Liebe denen zu bringen, die in der Dunkelheit leben. Nacht und Dunkelheit erleben wir, wenn wir traurig und allein sind, wenn wir Kummer und Sorgen haben, wenn wir krank sind oder Angst haben, wenn wir uns streiten oder schuldig geworden sind.

VATER: Wir feiern Weihnachten, weil Jesus in unsere Nacht gekommen ist, um sie durch sein Licht zu erhellen. Er will jede Nacht unseres Lebens verwandeln in eine heilige Nacht. Seine Liebe und sein Licht sind stärker als alle Dunkelheit. Darum feiern wir heute, daß Gottes Licht aufgeleuchtet ist und seine Liebe nicht kleinzukriegen ist.

Besinnung und Kyrierufe

1. KIND: Wann fängt Weihnachten an?

2. KIND: Wenn mitten in deiner Nacht ein kleines Licht aufleuchtet, dann, ja, dann fängt Weihnachten an.

3. KIND: Wenn Liebe und Vergebung uns einen neuen Anfang schenken, dann, ja, dann fängt Weihnachten an.

Liedruf»Herr, erbarme dich« *(mit Gebärden)*

1. KIND: Wann fängt Weihnachten an?

2. KIND: Wenn das, was bedeutungslos ist, bedeutungsvoll wird, dann, ja, dann fängt Weihnachten an.

3. KIND: Wenn das, was scheinbar unwichtig ist, wichtig wird und groß, dann, ja dann fängt Weihnachten an.

Liedruf »Christ, erbarme dich«
(mit Gebärden)

1. KIND: Wann fängt Weihnachten an?

2. KIND: Wenn Kleine und Schwache den Starken vergeben, die sich in ihrer Macht aufspielen, dann, ja, dann fängt Weihnachten an.

3. KIND: Wenn Große und Starke die Kleinen und Schwachen lieben und für sie eintreten, dann, ja, dann fängt Weihnachten an.

Liedruf »Herr, erbarme dich«
(mit Gebärden)

1. KIND: Wann fängt Weihnachten an?

2. KIND: Wenn das, was leise ist, laut wird, und das, was laut ist, ganz still wird, dann, ja, dann fängt Weihnachten an,

3. KIND: dann, ja, immer dann fängt Weihnachten an.

Lied-Tanz »Eine Tür, eine Tür tut sich auf für dich«

Gebet

Menschenfreundlicher Gott, wir feiern Weihnachten. In Jesus bist du ganz klein geworden, um alle Kleinen groß zu machen. In Jesus bist du schwach geworden, um die Schwachen stark und die Lauten leise zu machen. Wir danken dir, daß du uns durch Jesus deine Liebe und Nähe schenkst. Durch ihn wissen wir, daß deine Liebe nicht kleinzukriegen ist. Laß uns heute, wenn wir uns über viele Geschenke freuen, das große Geschenk deiner Liebe nicht vergessen. Darum bitten wir durch Jesus, der uns dein Licht und deine Liebe gebracht hat für Zeit und Ewigkeit. Amen.

Evangelium nach Lk 2

PRIESTER: Was damals in Betlehem geschehen ist, hat der Evangelist Lukas uns aufgeschrieben. Wir wollen diese Botschaft jetzt hören und sehen.

Kaiser Augustus in Rom wollte wissen, wie viele Menschen in seinem Reich wohnen und wie viele Steuern sie ihm zahlen mußten. Darum gab er den Befehl, alle Juden müßten sich in ihrer Heimatstadt in Steuerlisten eintragen lassen.

Die Nachricht von dieser Volkszählung erreichte auch Nazaret. Maria erwartete ein Kind, ein Kind von Gott. Noch bevor das Kind zur Welt kommen konnte, mußte sie mit Josef, ihrem Verlobten, nach Betlehem reisen. Maria und auch Josef stammten aus der Familie des Königs David, der in Betlehem zu Hause war. So machten sich Maria und Josef auf den weiten Weg von Nazaret nach Betlehem, um sich dort in die Steuerlisten eintragen zu lassen.

(Maria und Josef kommen langsam durch den Mittelgang)

MUTTER: Der Weg ist weit und beschwerlich, besonders für Maria, die ein Kind erwartet. Maria und Josef mußten über hohe Berge und durch tiefe Täler gehen. Endlich kommen sie nach Betlehem. Sie sind hungrig und müde von der langen Reise. Es ist Abend. In vielen Häusern brennt noch Licht. Maria und Josef gehen durch die Straßen und suchen ein Haus, wo sie bleiben können, wo sie übernachten können.

PRIESTER: Maria und Josef klopfen an viele Türen. Die meisten Türen sind verschlossen und bleiben zu. An anderen Türen werden sie unwillig abgewiesen: »Wir haben keinen Platz für euch!« Weil sie in der Herberge keinen Platz finden, gehen Maria und Josef in einen Stall. Die Hirten sind mit ihren Schafen in der Nacht auf dem Feld geblieben. Das ist gut. Denn jetzt haben Maria und Josef einen Ort gefunden, wo sie bleiben können.

MUTTER: Weil in der Herberge kein Platz war, wurde Jesus in einem Stall geboren. Maria wickelte ihr Kind in Windeln und legte es in eine Krippe. *(Maria und Josef legen das Kind in die Krippe)*

Lied »Uns wird erzählt von Jesus Christ«

PRIESTER: In derselben Nacht wachten Hirten bei ihren Schafen auf dem Feld. Mitten in ihrer Nacht und Dunkelheit leuchtet plötzlich ein großes Licht auf. Ein Engel kommt zu den Hirten und ein heller Lichtglanz umstrahlt sie. Die Hirten erschrecken. Der Engel aber spricht: Fürchtet euch nicht! Ich verkünde euch eine große Freude. Heute ist euch in der Stadt Davids der Retter geboren, der allen Menschen Gottes Heil bringt. Ihr werdet ein Kind finden, das in Windeln gewickelt ist und in einer Krippe liegt. Plötzlich war bei dem Engel eine große Schar von Engeln. Sie alle lobten Gott und sangen: Ehre sei Gott in der Höhe und Friede auf Erden den Menschen, die Gott liebt.

Lied »Engel auf den Feldern singen«

PRIESTER: Die Hirten machen sich auf den Weg nach Betlehem. Sie finden den Stall. Sie finden das Kind und seine Mutter. Sie knien vor dem Kind und beten es an. Danach gehen sie zurück und erzählen weiter, was sie gehört und gesehen haben. Sie freuen sich und loben Gott.

Spiel »Gottes Liebe ist nicht kleinzukriegen«

ERZÄHLER(IN): Die Hirten sind gekommen und dann wieder gegangen. Vielleicht haben sie damals Geschenke mitgebracht. Zurückgegangen aber sind sie mit leeren Händen. Oder doch nicht? – Stellt euch vor: ein Hirte hat etwas mitgenommen von der Krippe.

KLEINER HIRT: Ich brauche etwas, das mich immer wieder an diese Nacht und an Jesus erinnert. Ich nehme mir ein Zeichen mit! *(nimmt einen Strohhalm aus der Krippe)*

ERZÄHLER(IN): Ganz fest in der Hand hat er es gehalten. Die anderen Hirten haben zunächst nichts gemerkt. Bis auf einmal einer sagte:

2. HIRT: Was hast du denn da in der Hand?

KLEINER HIRT: Ich habe mir einen Strohhalm aus der Krippe mitgenommen, weil das Kind darauf gelegen hat.

ALLE HIRTEN: Einen Strohhalm? – Ha, haha …

3. HIRT: Stroh – das ist doch nur Abfall!

4. HIRT: Wirf das Zeug weg!

ERZÄHLER(IN): Der kleine Hirt aber schüttelte nur den Kopf.

KLEINER HIRT: Nein, den behalte ich. Für mich ist der Strohhalm ein

Zeichen, ein Zeichen für das Kind. Jedesmal, wenn ich diesen Strohhalm in der Hand halten werde, dann möchte ich mich an das Kind erinnern und an das, was die Engel von dem Kind gesagt haben.

ERZÄHLER(IN): Am nächsten Tag fragten die anderen Hirten:

2. HIRT: Hast du den Strohhalm immer noch?

KLEINER HIRT: Ja!

3. HIRT: Du spinnst! Mensch, wirf ihn weg! Ein Strohhalm ist doch nur wertloses Zeug!

KLEINER HIRT: Nein, für mich ist er nicht wertlos. Das Kind Gottes hat auf Stroh gelegen.

ALLE HIRTEN: Ha, haha... Na und?

4. HIRT: Das Kind ist wertvoll, doch nicht das Stroh!

KLEINER HIRT: Für mich ist auch das Stroh wertvoll. Worauf hätte das Kind denn sonst liegen sollen, arm wie es ist? Nein – mir zeigt das: Gott braucht das Kleine, das Wertlose. Ja, Gott braucht uns, die Kleinen, die, die in dieser Welt nicht zählen, die von den anderen verachtet und für wertlos gehalten werden.

ERZÄHLER(IN): Ja, der Strohhalm aus der Krippe, der war dem kleinen Hirten wichtig. Wieder und wieder nahm er ihn in die Hand, dachte an die Worte der Engel, freute sich darüber, daß Gott die Menschen so lieb hat, daß er klein wurde wie sie. Eines Tages aber riß ihm einer der anderen Hirten den Strohhalm weg und schrie wütend:

2. HIRT: Du mit deinem Stroh! Weg damit! (er reißt dem kleinen Hirten den Strohhalm aus der Hand, zerknickt ihn und wirft ihn weg)

ERZÄHLER(IN): Und er zerknickte den Strohhalm wieder und wieder und warf ihn zur Erde. Der Hirte stand ganz ruhig da, hob den Strohhalm auf, strich ihn wieder glatt und sagte zu dem anderen:

KLEINER HIRT: Sieh doch, er ist geblieben, was er war: ein Strohhalm. Deine ganze Wut hat daran nichts ändern können.

ERZÄHLER(IN): Sicher, es ist leicht, einen Strohhalm zu knicken. Und du denkst vielleicht auch: Was ist schon ein Kind, wo wir einen starken Helfer brauchen. Aber ich sage dir: Aus diesem Kind wird ein Mann, und seine Liebe wird nicht totzukriegen sein. Er wird die Wut der Menschen aushalten, er wird alles ertragen, was sie ihm antun, und er wird bleiben, was er ist: Gottes Liebe, Gottes Friede, Gottes Retter für uns.

KLEINER HIRT: Ich glaube, daß Jesus uns zeigt: Gottes Liebe ist nicht kleinzukriegen.

ERZÄHLER(IN): Später, lange Zeit danach, bin ich dem kleinen Hirten begegnet, und noch immer hütete er seinen Strohhalm wie einen Schatz. Ich sagte ihm: Schade, daß ich nicht auch so einen Strohhalm aus der Krippe habe, Stroh, worauf das Kind gelegen hat. Da hat er mich lieb angeschaut und zu mir gesagt:

KLEINER HIRT: Ich schenke dir ein Stück von meinem Strohhalm.

ERZÄHLER(IN): Und es war wie ein Wunder: der Strohhalm wurde nicht kleiner, so oft ich ihn zerschnitt. Und so möchte ich meine Freude einfach weiterschenken mit einem Stück vom Strohhalm damals.

PRIESTER: Alle, die hier sind, können ein kleines Stück vom Strohhalm mit nach Hause nehmen oder weiterschenken. Der Strohhalm möge uns und alle, die ihn in der Hand halten, daran erinnern, wie schnell etwas oder jemand zerknickt werden kann. Und wenn du dich einmal so ganz geknickt fühlst, dann nimm dieses Stück vom Strohhalm in deine Hände, damit du merkst, wie glatt und gerade er trotz seiner vielen Einknicke in deiner Hand liegt. Seitdem ich ein Stück vom Strohhalm in meiner Hand halte, bin ich sicher, daß mein Leben – trotz aller Knicke – in Gottes guten Händen geborgen ist. Gott wird immer wieder deine und meine Knicke liebevoll glattstreichen, denn er weiß, daß es kein Leben ohne Knicke gibt. Der Strohhalm will uns allen sagen: Gottes Liebe ist nicht kleinzukriegen!

Gottes Liebe ist nicht kleinzukriegen. Diese Gewißheit wünsche ich euch, liebe Kinder, die wünsche ich euern Eltern und Großeltern und allen, die durch euch ein Stück vom Strohhalm in den Händen halten. Weil Gott unsere Knicke glattstreichelt und jede Nacht unseres Lebens in eine heilige Nacht verwandelt, deshalb haben wir allen Grund, ein frohes Weihnachtsfest zu feiern. Sagt es allen weiter: Gottes Liebe ist Mensch geworden in Jesus von Nazaret. Und diese Liebe ist nicht kleinzukriegen. – Wenn ihr, liebe Kinder, gleich eure Gaben zur Krippe bringt, dann dürft ihr diese Geschichte vom Kleinen Hirten und ein Stück vom Stroh-halm mitnehmen. Ihr dürft es in diesen Weihnachtstagen allen weitersagen: Gott ist in Jesus bei uns. Und: Wenn du einmal geknickt bist, Gott streichelt dich wieder glatt. Glaube daran: Gottes Liebe ist nicht kleinzukriegen!

Fürbitten

PRIESTER: Wir danken Gott, daß er uns liebt und bitten ihn:

1. KIND: Für alle, die nach einem rettenden Strohhalm suchen. Laß sie in Jesus den Strohhalm finden, der trägt und Halt gibt.
ALLE: Gott, laß sie deine Liebe erfahren.

2. KIND: Für alle, die genickt und am Boden zerstört sind. Laß sie erfahren, daß Gott sie in seinen Händen hält. A.:

3. KIND: Für alle, die heute ein Stück vom Strohhalm geschenkt bekommen. Laß sie glauben, daß ihr Leben – trotz aller Knicke – in Gottes guten Händen liegt. A.:

4. KIND: Für alle, die sich klein und wertlos fühlen. Laß sie durch die Weihnachtsbotschaft erfahren, daß Gott die Kleinen in dieser Welt groß macht, daß alle, die in dieser Welt nicht zählen, für ihn ganz wichtig sind. A.:

5. KIND: Für alle, die von anderen nicht verstanden werden, die unter der Wut und Ungerechtigkeit der anderen leiden. Laß sie Orientierung finden durch Jesus, der ein Licht ist in dunkler Nacht. A.:

PRIESTER: Ja, guter Gott, laß alle Menschen deine große Liebe erfahren durch Jesus und durch alle, die in seinem Licht leben. Amen.

Gabengang der Kinder

Kinder bringen zur Krippe, was sie in der Adventszeit gesammelt haben, um armen und hungernden Kindern zu helfen. Sie erhalten den Text und verteilen ihn auch an die Erwachsenen.

Gabenbereitung

Lied GL 140 »Zu Betlehem geboren«

Gabengebet

Gütiger Gott, mit unseren Gaben bringen wir Brot und Wein, Gaben, die uns daran erinnern, daß deine Liebe unter uns lebendig ist durch Jesus Christus, der unser Bruder geworden ist. Er bleibt bei uns heute und in Ewigkeit. Amen.

Drittes Hochgebet für Meßfeiern mit Kindern
Präfation

Es ist gut und richtig, dir, lebendiger Gott, immer und überall zu danken für Jesus Christus, deinen Sohn. In ihm ist deine Güte und Menschenfreundlichkeit unter uns erschienen. In ihm ist deine Liebe Mensch geworden. Wir danken dir, daß diese Liebe nicht kleinzukriegen ist, daß du alle aufrichtest, die geknickt oder am Boden zerstört sind. Wir danken dir, daß du uns trotz aller Knicke liebevoll in deinen Händen hältst. Wir danken dir für Jesus, der Licht für uns ist in dunkler Nacht, durch den wir deine Nähe und Liebe immer wieder erfahren. Seinetwegen loben wir dich mit allen Engeln und Heiligen und singen zu deinem Lob:

Heilig-Lied »Heilig, heilig bist du«
(mit Gebärden – M.: Ehre, Ehre sei Gott)

Einleitung zum Vater unser

Was wir den Armen schenken, schenken wir Jesus. Er, der reich war, ist aus Liebe zu uns ganz arm geworden. Er sagt: »Was ihr den Geringsten meiner Schwestern und Brüder gebt, das habt ihr mir gegeben.« Was wir Gott geben, das macht uns nicht arm. Es macht vielmehr unsere Hände offen, darum können wir mit offenen Händen vor Gott stehen und beten, wie Jesus uns zu beten gelehrt hat:

Vaterunser
(singen mit offenen Händen)

Friedensgruß

Ehre sei Gott in der Höhe und Friede auf Erden den Menschen, denen Gott seine ganze Liebe schenken kann. Wer offen ist für Gott, der in Jesus zu uns kommen will, denen schenkt er Frieden, Frieden mit Gott, Frieden mit sich selbst und Frieden mit anderen. Den Frieden, den Gott uns schenkt, dürfen wir allen Menschen und der ganzen Schöpfung weiterschenken.

Lied GL 143, 1.+2. Str. »Nun freut euch, ihr Christen«

Kommunionausteilung *(Instrumental-oder Orgelmusik)*
Danklied »Ein Licht leuchtet auf in der Dunkelheit« *oder* GL 143, 3.+4. Str. »Der Abglanz des Vaters«

Schlußgebet
Guter Gott, wir danken dir, daß Weihnachten geworden ist. Du hast uns Jesus, das Licht der Welt, geschenkt. In ihm hast du uns deine Liebe geschenkt, eine Liebe, die nicht kleinzukriegen ist. Hilf uns, dein Licht und deine Liebe allen zu schenken, die auf uns warten.

Laß es Weihnachten werden in unseren Familien, in unserer Gemeinde, in unserer Stadt und überall auf der Welt, damit alle deine Liebe erfahren und glauben, daß deine Liebe, Gott, nicht kleinzukriegen ist. Amen.

Segen
Schlußlied GL 145 »Stille Nacht, heilige Nacht«

Schlußgebet
(Alternative, falls vorher keine Fürbitten gesprochen wurden)
PRIESTER: Guter Gott, wir danken dir, daß es Weihnachten geworden ist bei uns.
1. KIND: Laß es Weihnachten werden für alle, die traurig und einsam sind.Laß durch uns Licht in ihre Dunkelheit kommen.
2. KIND: Laß es Weihnachten werden für alle, die krank sind, laß sie erfahren, daß du in Jesus gekommen bist, um allen Menschen das Heil zu bringen.
VATER: Laß es Weihnachten werden für alle, die schuldig geworden sind und für alle, die in Gefängnissen leben. Laß sie glauben, daß du Mensch geworden bist, um uns allen einen Weg zu mehr Menschlichkeit zu zeigen.
JUGENDLICHER: Laß es Weihnachten werden für alle, die sich hassen

und streiten. Laß sie wissen, daß der Friede da beginnt, wo du angekommen bist.

1. KIND: Laß es Weihnachten werden für alle, die Hunger und Durst haben. Laß sie durch unsere Hilfe erfahren, daß du Mensch geworden bist, um uns zu retten.

VATER: Laß es Weihnachten werden für alle, die arbeitslos sind und für alle, die das Gefühl haben, nichts mehr wert zu sein. Laß sie durch uns erfahren, daß du die liebst, die in dieser Welt nicht zählen.

PRIESTER: Laß es Weihnachten werden in unserer Gemeinde, in unserer Stadt und überall auf der Welt, damit alle deine Liebe erfahren und glauben, daß deine Liebe, Gott, nicht kleinzukriegen ist. Amen.

Sich öffnen lassen

Vorzubereiten:

möglich: ein großes Ohr malen und Kinder schreiben hinein, was sie gerne hören, was ihr Herz öffnet.

Eröffnung

Lied »Gott gab uns Atem, damit wir leben« *oder* »Wo zwei oder drei in meinem Namen versammelt sind« *oder* GL 520, 1.+3.Str. »Liebster Jesu, wir sind hier«

Begrüßung

PRIESTER: Es ist gut, daß wir im Namen Gottes zusammengekommen sind, um unser Leben miteinander zu feiern und Gott dafür zu danken. Mit dem Kreuzzeichen bekennen wir uns zu Jesus Christus, der uns am Kreuz durch seine Liebe erlöst hat von allem, was unser Leben behindern oder zerstören will. So beginnen wir: Im Namen des Vaters ...

Einführung

1. KIND: Ein Missionar sah, wie ein Beduine sich immer wieder der Länge nach auf den Boden legte, sein Ohr in den Wüstensand legte und horchte. »Warum tun Sie das?« fragte der Missionar. Der Beduine antwortete: »Ich höre die Wüste weinen, sie möchte so gerne ein Garten sein!«

KATECHETIN: Ihr, liebe Kinder, habt schöne Bilder gemalt, Bilder, bei denen uns das Herz aufgehen kann. Ihr zeigt damit, daß unsere Erde ein blühender Garten ist, in dem es viel Schönes zu hören und zu sehen gibt. Menschen, manchmal gehören wir dazu, haben unsere gute Erde vielfach zerstört, sie mit Asphalt, Plastik und Müll zugedeckt. Sie hören nicht, wie die Erde weint und klagt. Nicht nur die ausgebeutete, zerstörte Mutter Erde weint, nicht nur die Wüste weint, weil sie Durst hat nach Wasser und

Leben, sondern auch viele Menschen weinen, deren Herz leer geworden ist, die taub geworden sind im Lärm unserer Welt. Wer hört das stille Weinen der Menschen, der Kinder, die Durst haben nach Liebe und Leben? Viele Menschen sind taub für die Not der anderen, taub für das stille Weinen der Kinder, die Durst haben nach Liebe, nach Menschen, die für sie Zeit haben, die zuhören und sie verstehen.

2. KIND: Nur mit dem Herzen hört man gut. Wer mit dem Herzen hören will, der muß still werden, aufmerksam sein und sich dem anderen ganz zuwenden.

PRIESTER: Ich lade alle ein für eine kurze Weile ganz Ohr zu sein, still zu werden und auf die innere Stimme des Herzens zu hören.

Besinnung und Kyrierufe

1. KIND: Mit unseren Ohren stimmt etwas nicht. Wir können hören und bleiben doch taub für Gott und für alle, die stumm um unsere Hilfe bitten.

Liedruf GL 510 »Christus, Herr, erbarme dich« *oder* »Herr, erbarme dich, erbarme dich« *(mit Gebärden)*

2. KIND: Mit unserer Zunge stimmt etwas nicht. Wir können sprechen, doch manchmal sind wir stumm und sprachlos Gott, auch den Menschen gegenüber, die auf ein Wort von uns warten.

Liedruf

ERWACHSENER: In unseren Beziehungen stimmt es manchmal nicht. Wir leben in gestörten Beziehungen, weil wir taub und stumm geworden sind für Gott und füreinander. Liedruf

PRIESTER: Jesus Christus, der ein Auge, ein Ohr und Herz für die Menschen hat, will uns zärtlich berühren und uns heilen, damit wir in guten Beziehungen leben und glücklich sind heute und an allen Tagen unseres Lebens. Amen.

Loblied – Tanz »Ehre Gott in der Höhe« *oder* »Laßt uns miteinander«

Gebet

Gott, Vater und Mutter aller Menschen, wunderbar hast du die Welt erschaffen. Von dir kommt alle heilende Kraft. Du liebst uns. Durch Jesus willst du unsere oft so verstopften Ohren öffnen und uns aus unserer Sprachlosigkeit herausholen. Wir bitten dich, heile uns und unsere gestörten Beziehungen durch Jesus Christus, der mit dir und dem Heiligen Geist lebt und uns liebt, heute und in Ewigkeit. Amen.

Evangelium

Mk 7, 31-37 (KindLekt Bd.I, Nr.95) »Die Heilung des Taubstummen«
oder

PRIESTER: Jesus kommt aus der Gegend von Tyrus und Sidon. Er kommt in das Land der zehn Städte, nicht weit vom See Genezaret. Da bringen sie einen Mann zu ihm. Der ist taub. Er hört nicht ein Wort. Und seine Zunge ist gelähmt, wie gefesselt. Er kann nicht sprechen. Er ist sprachlos. Er ist stumm. Und sie sagen zu Jesus: Berühre ihn! Lege ihm deine Hände auf! Heile ihn, daß er hören und sprechen kann! Sie glauben, daß Jesus ihn heilen kann. Jesus schaut den Mann an. Er nimmt ihn beiseite, weg von den vielen Menschen. Dann legt er seine Finger in die Ohren des Mannes und macht ihm die Zunge mit Speichel feucht. Jesus blickt zum Himmel, betet und seufzt:»Höre mich, Gott!« Zu dem Mann sagt er: »Effata«, öffne dich! Da öffnen sich die Ohren des Tauben, und er kann hören. Der Mann hört alles. Er hört richtig. Er hört gut. Seine Zunge wird von ihrer Lähmung befreit. Und er kann sprechen. Er spricht richtig. Er spricht gut. Er hört auf Jesus. Seine Ohren sind geöffnet. Er spricht zu Jesus. Seine Zunge ist gelöst. Und Jesus sagt zu allen, die das sehen:»Ich warne euch; sagt das nicht weiter, das von diesem Mann! Ja nicht!« Das aber tun sie gerade: Alles erzählen sie weiter, überall in der Gegend. Alle sind erschrocken und erstaunt, daß Jesus taube Ohren öffnet und Stumme zum Reden bringt. Sie wissen: Gott hat das gemacht. Gott macht alles gut. Ja, so ist das bei Gott. Taube hören und Stumme reden.

Der Evangelist Markus hat das alles erzählt, damit wir es hören und glauben.

Lied GL 521 »Herr, gib uns Mut zum Hören« *oder* »Wir öffnen die Ohren«

Spiel

(3 Kinder mit verstopften Ohren kommen in den Chorraum, ein Kind mit einer Illustrierten, ein Kind stellt sich traurig abseits in den Chorraum)

1. KIND: *(hält sich die Ohren zu)*

MUTTER: N., hör doch mal, was ich dir sagen möchte.

(1. Kind wendet sich ab)

2. KIND: *(steckt sich Watte in die Ohren, beschäftigt sich mit Spielzeug – Gameboy -)*

MUTTER: N., hast du Bohnen in den Ohren? Wie oft soll ich dir noch sagen, daß du deine Hausaufgaben machen sollst.

(2. Kind wendet sich ab)

3. KIND: *(Stöpsel in den Ohren – hört Musik)*

MUTTER: N., mach die Dinger aus den Ohren, damit ich dir etwas sagen kann. *(3. Kind wendet sich ab)*

4. KIND: *(liest in einer Illustrierten und hat die Ohren auf Durchzug geschaltet)*

MUTTER: Wie oft soll ich dir noch sagen, daß du mir lieber helfen sollst als diesen Schund zu lesen! *(4. Kind wendet sich ab)*.

MUTTER: Wer kann denn heute noch hören? – Wirklich hören?- hinhören – zuhören? Wir haben Ohren, aber oft hören wir nicht. Dabei gibt es so viel Schönes, das wir hören können und uns das Herz aufgehen läßt *(falls Kinder Bilder gemalt haben, darauf eingehen)*.

VATER: Als Jesus den Tauben heilte, da ist er ganz dicht an den Tauben herangegangen. Er hat den Mann berührt und gesagt: Laß mich mal an deine Ohren heran, denn die sind ja ganz verstopft.

5. KIND: *(legt jeweils seinen Arm um die Schulter der Kinder – die schauen es aufmerksam an – das 5. Kind nimmt die Hände von den Ohren, die Watte und die Stöpsel aus den Ohren, die Illustrierte aus der Hand)*

VATER: Jesus ist mit dem Finger in die Ohren des tauben Mannes gegangen und hat sie frei gemacht von Vorwürfen und Vorurteilen, von Lügen und Floskeln. Jesus hat dem taubstummen Mann keine Belehrungen und Ermahnungen erteilt, sondern er hat ihn geheilt. »Effata« – tu dich auf!

5. KIND: *(flüstert den Kindern leise ins Ohr: »Ich mag dich! Auch Jesus liebt dich und will dich heilen«.- Die fünf Kinder legen alles zur Seite und hüpfen miteinander vor Freude)*
VATER: Jesus hat dem Tauben die Ohren geöffnet. Er will auch unsere Ohren öffnen, damit wir uns freuen.

6. KIND: *(steht immer noch traurig und stumm im Chorraum)*
VATER: Als Jesus den Stummen heilte, da ist er ganz nah an diesen stummen Menschen herangegangen und hat ihn umarmt. *(Das 5. Kind geht auf das 6. Kind zu und legt den Arm um seine Schultern)*

5. KIND: Tu deinen Mund auf! Ich will auf dich hören! Du bist wichtig! Du hast uns etwas zu sagen! Deine Meinung ist gefragt!

6. KIND: Ich bin wichtig für dich? – Meine Meinung ist gefragt? – Bisher habe ich nur gehört: »Halte den Mund!« – »Halte dich heraus!« – »Sei still, du hast hier nichts zu sagen!« Da bin ich ganz sprachlos, ganz stumm geworden.

5. KIND: Gut, daß du es wagst, deinen Mund wieder aufzutun! Du mußt reden, wenn andere dich verletzen oder mundtot machen. Wage es, deinen Mund aufzutun, auch wenn andere dich auslachen oder kleinmachen wollen.

VATER: Nach der Begegnung mit Jesus wagte der Stumme wieder, seinen Mund aufzutun.

Jesus will auch heute alle heilen, die stumm sind oder von anderen mundtot gemacht wurden. Jesus ist gekommen, um alles gut und heil zu machen.

Glaubensbekenntnis
Lied »Wir glauben an den großen, dreieinigen Gott«

Fürbitten
PRIESTER: Wir wenden uns an Jesus, der unsere Ohren, unseren Mund und unser Herz öffnen will:

1. KIND: Wußtest du schon, daß die Nähe eines Menschen den anderen gesund und heil machen kann? – Laßt uns beten für alle, die einsam und krank sind, die keinen Menschen haben, der für sie da ist, der ihnen zuhört und nahe ist. Mache uns bereit, Kranke und Einsame zu besuchen.

PRIESTER: Jesus, du Heil der Welt,

ALLE: erhöre uns!.

2. KIND: Wußtest du schon, daß die Stimme eines Menschen solche wieder aufhorchen lassen kann, die für alles taub sind? – Laßt uns beten für alle Menschen, die nicht hören können oder nicht hören wollen. Jesus, öffne ihre Ohren und hilf, daß dein Wort uns alle neu aufhorchen läßt. PR./A.:

3. KIND: Wußtest du schon, daß das Zeithaben für einen Menschen mehr ist als Geld, mehr wirkt als Medikamente? – Laßt uns beten für alle Menschen, besonders für die Kinder, die keinen Menschen haben, der für sie Zeit hat. Mache uns bereit, daß wir uns Zeit füreinander nehmen. PR./A.:

4. KIND: Wußtest du schon, daß das Zuhören bei einem anderen Menschen Wunder wirken kann? – Laßt uns beten für alle, die keinen Menschen haben, der ihnen zuhört. Mache uns bereit, aufeinander zu hören. PR./A.:

JUGENDLICHER: Wußtest du schon, daß es besser ist, etwas zu tun als viel zu reden, daß der Weg vom Reden zum Tun oft unendlich weit ist? – Laßt uns beten für alle, die wenig reden, aber viel tun, daß sie von anderen verstanden werden und daß alle, die viel reden, aber wenig tun, bereit sind, ihr Leben zu ändern. PR./A.:

PRIESTER: Jesus, du Heil der Welt. Höre uns und heile uns und durch uns diese kranke Welt. Amen.

Gabenbereitung

Lied GL 617 »Nahe wollt der Herr uns sein« *oder* »Alle Menschen, höret auf dies neue Lied« *oder* »Eines Tages kam einer«

Gabengebet

Gott, verwandle uns mit Brot und Wein in Menschen, die auf dich hören und dir gehören für Zeit und Ewigkeit. Amen.

Erstes Hochgebet für Meßfeiern mit Kindern
Präfation
Heilig-Lied »Heilig ist der Herr des Himmels und der Erde«

Vaterunser *singen oder:*

1. KIND: Wenn ich taub und stumm, allein und einsam bin und daran denke, daß Gott immer bei mir ist, dann freue ich mich und bete. Wenn ich gesund bin und mich freue, daß ich hören, lachen und singen kann, dann bete ich:

ALLE: **Vater unser im Himmel. Geheiligt werde dein Name.**

ERWACHSENER: Wenn ich sehe, daß in der Welt nicht alles in Ordnung ist, daß es Kriege gibt und Unrecht, daß aber trotzdem viele Menschen die Hoffnung haben: Es wird einmal besser werden, dann bitte ich:

A.: **Dein Reich komme. Dein Wille geschehe wie im Himmel so auf Erden.**

2. KIND: Wenn ich im Fernsehen miterlebe, wie die Armen Hunger leiden und wie Menschen alles tun, um ihnen zu helfen, dann rufe ich zu Gott:

A.: **Unser tägliches Brot gib uns heute.**

3. KIND: Wenn ich spüre, daß niemand alles richtig macht, daß ich sogar mit meinen Eltern und Freunden in Streit gerate, bete ich:

A.: **Und vergib uns unsere Schuld, wie auch wir vergeben unsern Schuldigern.**

4. KIND: Wenn ich erlebe, daß es mir manchmal Freude bereitet, andere zu ärgern und ihnen weh zu tun, wenn ich mitbekomme, wie Menschen gefoltert und ermordet werden, wenn ich sehe, wie unsere gute Mutter Erde zerstört wird, dann bitte ich:

A.: **Und führe uns nicht in Versuchung, sondern erlöse uns von dem Bösen.**

5. KIND: Wenn ich Gott danken möchte für alles, was ich bin und kann, wenn ich ihm sagen möchte, daß ich auf ihn vertraue, weil er meine Sorgen kennt und weil er die ganze Welt in seinen Händen hält, dann rufe ich zu ihm:

A.: **Denn Dein ist das Reich und die Kraft und die Herrlichkeit in Ewigkeit. Amen.** (nach: Norbert Weidinger)

Friedensgruß

Wo Menschen aufeinander hören und miteinander sprechen, da können Beziehungen wachsen, da ist Frieden.

Friedenslied »Gib uns Frieden jeden Tag«

Kommunionausteilung *(Orgel- oder Instrumentalmusik)*
Danklied-Tanz »Danket, danket dem Herrn« (Kanon)

Schlußgebet

Jesus Christus, du hast dich uns geschenkt in deinem Wort und im heiligen Brot. Wer auf dein Wort hört, der wird ewig leben. Das möchten wir gern. Darum öffne uns immer wieder Ohren und Herz für deine Botschaft. Laß uns hören und tun, was du von uns erwartest, heute und an allen Tagen unseres Lebens. Amen.

Alternative zum Spiel

Ansprache

Eines Tages, so wird erzählt, brachte ein Vater sein Kind zu Rabbi Ahron. Der Vater beklagte sich: »Mein Sohn ist unkonzentriert und sprunghaft. Beim Lernen hat er keine Ausdauer. Alles Reden hilft nicht, er stellt seine Ohren auf Durchzug. Auch durch Druck und Strafe hat sich bei ihm nichts geändert.« »Laß ihn eine kleine Weile hier«, sagte der Rabbi. Als er mit dem Kind allein war, legte er sich hin und bettete das Kind an sein Herz. Schweigend hielt er es am Herzen, bis der Vater wiederkam. »Ich habe ihm ins Gewissen geredet«, sagte der Rabbi. »Ich habe gespürt, daß es ihm an Ausdauer nicht mehr fehlt!«

Viele wunderten sich fortan über das Verhalten des Kindes. Der Vater antwortete auf alle Fragen: »Ich habe gelernt, wie man Menschen bekehrt!«

Diese Erzählung von Martin Buber macht mich immer wieder nachdenklich. Wenn Kinder unkonzentriert, nervös und sprunghaft sind, wenn sie nicht hören und reden wollen, dann verhalte ich mich zumeist anders als Rabbi Ahron. Ich höre Eltern und solche, die andere ausbilden, schreien: »Mit dir hat man nur Ärger!« – »Nimm dich endlich zusammen!« – »Aus dir wird nie etwas!« Es wird an Verstand und Wille appelliert, Druck ausgeübt und Strafe angedroht. Damit aber ändert sich gar nichts. Es gibt weiterhin Streit. Ich wünsche mir, daß wir alle mit schwierigen Kindern oder Menschen so umgehen, wie Rabbi Ahron es gemacht hat. Er nimmt sich Zeit, hat Geduld und drückt das Kind schweigend an sein Herz. Er redet ihm wortlos ins Gewissen, indem er ihm seine ungeteilte Liebe und Zuwendung schenkt. Damit zeigt er dem Kind: Ich mag dich! Du bist mir lieb und wertvoll. So wie du bist, halte ich dich an mein Herz. Auch wenn du Mißerfolg hast, unruhig bist, Kummer machst, versagst und keine Lust am Lernen hast, bist du mir wichtig. Am Herzen eines liebenden Menschen wird das Kind ruhig. Da, wo wir uns einem anderen vorbehaltlos zuwenden, ihn lieben und an die guten Kräfte in ihm glauben, da ermutigen und befreien wir ihn zum Leben.

Die Geschichte von Martin Buber erinnert mich an den barmherzigen Vater, der auf vielen Bildern seinen verloren Sohn »schweigend an sein Herz hält« und ihm damit ein neues Leben ermöglicht. Mit ewiger Liebe zieht Gott jeden Menschen an sein Herz, weil er gütig ist und sein Herz für uns schlägt, sagt der Prophet Jeremia (Jer 31,3.20). Gott liebt die Menschen. Er zieht sie schweigend an sein Herz, um sie durch seine Nähe und Liebe zu heilen und zu befreien. Zärtlich berührt Jesus den Taubstummen und heilt ihn, hilft ihm, sich zu öffnen für Gott und für die Menschen. Den anderen zärtlich berühren, ihn »schweigend am Herzen halten«, das wirkt heilend und befreiend, das schenkt ein Gefühl von Geborgenheit, von Angenommensein, von Verstandenwerden, von zu Hause sein. In jedem Gottesdienst schenkt Gott uns seine Nähe und seine bedingungslose Liebe durch Jesus Christus, um uns zu heilen. Was wir hier erfahren haben, können wir anderen weiterschenken. Begegnungen, die heilen und zum Leben befreien, wünsche ich mir, allen Kindern und Erwachsenen, und durch uns vielen anderen Menschen.

Clown, Licht und Freude

Lichtmess / Karneval

Vorzubereiten:
*einen großen Regenbogen – Kerzen für alle – Clown-Aufkleber (selbst-
gestalten oder Kawohl-Verlag, Wesel)
Vor dem Gottesdienst schenken Kinder allen, die kommen, einen
Clown-Aufkleber*

Einzug
Instrumentalmusik *(Kinder ziehen als Clown oder in anderen Kostü-
men mit dem Priester und den MeßdienerInnen in die Kirche ein.)*

Eröffnung
Lied »Leben im Schatten... Gott lädt uns ein, zu seinem Fest laßt uns
gehn«

Begrüßung und Einführung
PRIESTER: »Gott lädt uns ein, zu seinem Fest laßt uns gehn«. Im Zeichen des Clowns, den nun alle auf ihrem Herzen tragen, feiern wir
heute ein Fest, ein Fest der Freude und der Hoffnung. Im Namen
Gottes, der uns in Jesus Licht von seinem Licht geschenkt hat,
beginnen wir diesen Gottesdienst: Im Namen des Vaters ... Gottes Licht leuchte in euren Herzen, seine Freude strahle durch euch
hindurch und seine Liebe sei mit Euch!

Eure Clownaufkleber tragen verschiedene Aufschriften. Be-
grüßt den Nachbarn, die Nachbarin und sagt ihm/ihr das, was auf
eurem Aufkleber steht: »Ich wünsche Dir alles Gute«, »Du bist
einmalig«, »Ich denke an Dich!«

1. CLOWN: Heute bin ich ein Clown. Ihr auch? – Eigentlich möchte ich
immer ein Clown sein und viele Menschen zum Lachen bringen,
damit sie sich freuen in unserer kalten, dunklen Welt.

2. CLOWN: Heute bin ich ein Clown, ein klitzekleiner Spaßmacher in

unserer bitteren, bösen Welt. Vor Freude möchte ich auf allen Straßen Purzelbaum schlagen, Grimassen schneiden und vielen Menschen Freude bringen.

3. CLOWN: Heute bin ich ein Clown, bunt und schön. In dieser grauen Welt möchte ich ein heller Sonnenschein und ein bunter Farbklex sein. Ich möchte Scherze auf die Straßen streun und Licht bringen zu allen, deren Leben farblos und dunkel ist.

1. CLOWN: Ich möchte, daß wir alle heute lachen und miteinander Spaß und Unsinn machen.

2. CLOWN: Ich möchte, daß heute alle lachen, lächeln, trösten und viel Freude machen.

3. CLOWN: Ich möchte, daß wir heute alle lachen, Licht verbreiten und aus Tränen einen Regenbogen machen.

Besinnung und Kyrierufe

Lied »Wie aus dem Kreise brechen« oder »Zieh den Kreis nicht zu klein«

PRIESTER: Gott, lasse uns ausbrechen aus dem Kreis der Entfremdung. Schenke uns neue Beziehungen zu uns selbst, zu anderen und zu dir. Laß uns Freude haben an dir und durch dich heute und an allen Tagen unseres Lebens. Amen.

Loblied-Tanz »Ehre Gott in der Höhe«

Gebet mit Kerzenweihe

Gott, du hast uns Jesus, deinen Sohn, geschenkt als Licht und Freude für unser dunkles Leben, als Licht für diese oft so dunkle und böse Welt. In der Taufe wurde uns Licht von deinem Licht geschenkt. Wir bitten dich: Segne diese Kerzen. (Segne die Kerzen unserer Kommunionkinder.) So wie das Licht dieser Kerzen leuchtet und alle Dunkelheit vertreibt, so mache hell unsere Herzen und hell unser Leben. Diese Kerzen sollen uns ein Zeichen deiner und unserer Liebe sein. Hilf, daß wir mit Jesus in deinem Licht leben und zum Licht für andere werden. Laß uns einmal für immer in deinem Licht und in deiner Liebe leben. Darum bitten wir durch Jesus Christus, der das Licht der Welt ist, heute und in Ewigkeit. Amen.

Geschichte

»Clown im Land der Tränen«

(Möglich: mit Musik zu untermalen, Folien zu malen und diese an entsprechenden Stellen einzusetzen.)

CLOWN: Weil ich dich gut leiden kann, mal ich Dir eine Wolke an. *(Malt einen Regenbogen auf Tapete – oder heftet einen gemalten Regenbogen an)*

ERZÄHLER(IN): Ein kleiner Clown lebte einmal im Land der Tränen. Er wußte, daß ein herzhaftes Lachen oft aus Tränen geboren wird. Lange hatte er leise geweint über das Elend dieser Welt, über das Leid der Menschen. Einsamkeit, Ungerechtigkeit, Armut und Krankheit, die das Leben der Menschen verdunkelten, machten ihn traurig. Der Clown hörte das Klagen und Weinen der Menschen. Er sah, wie Tränen das Licht in den Augen der Menschen erstickten. Er sah, wie Menschen traurig und bedrückt waren von der Last ihres Lebens. Er hatte Mitleid mit allen, die ihr wahres Gesicht nicht zeigen wollten, die immer mit einer Maske lebten. Er sah, wie Menschen verwundet und vom Leben enttäuscht waren. Er sah, wie hoffnungslos viele Menschen waren. Ja, der Clown sah, wie die Welt wirklich war.

CLOWN: Wo ist das Licht der Hoffnung und der Freude geblieben? Wo ist die Sehnsucht der Menschen nach Liebe und Leben geblieben? -

1. KIND: Wer bist du?

CLOWN: Ich bin ein Clown, ein Kind des Regenbogens. Mein Lachen wurde aus Tränen geboren. Ich habe die schwere Aufgabe, Menschen glücklich zu machen und sie die Freude zu lehren.

1. KIND: Was kannst du als kleiner Clown schon ausrichten? Niemand nimmt dich ernst. Wie willst du einen so großen Auftrag in deinem kleinen Leben erfüllen?

CLOWN: Manche sagen, ich sei ein Narr, weil ich gegen die vernichtende Macht der Trauer und des Todes ankämpfen will. Wenn ich schon ein Narr bin, dann will ich ein Narr der Liebe sein! *Ich glaube, daß alle, die leiden, einen Menschen brauchen, der ihnen in der Dunkelheit ihres Lebens nahe ist, der ihre Lasten mitträgt, der alles, was in ihrem Leben tot und starr ist, lebendig macht.

ERZÄHLER(IN): So machte sich der Clown auf den Weg, um den Menschen Leben, Licht und Freude zu schenken. Er zeigte Suchenden den Weg, den Einsamen schenkte er Nähe und Freundschaft, er tröstete die Traurigen und machte den Hoffnungslosen Mut. Menschen, die dem Clown begegneten, erinnerten sich an ihre Träume von einem guten und schönen Leben.

1. KIND: Woher hast du deine Lebendigkeit? Was ist es, was dich so froh und strahlend macht?

CLOWN: Lebendigkeit ist keine Frage des Alters. Jedes Kind, das geboren wird, bringt einen Traum mit auf diese Erde. Wer dem Traum seines Lebens treu bleibt, der ist lebendig, froh und strahlend. – Ich bin als Clown geboren, als ein Kind des Regenbogens. Mein Traum ist, daß ich dazu beitrage, daß viele Menschen froh und glücklich werden.

ERZÄHLER(IN): Menschen, die dem Clown begegneten, spürten, daß Licht und Wärme von ihm ausging. Sie ließen sich anstecken von seiner Freude und Lebendigkeit. Er verwandelte ihre Trauer in Freude, so daß Menschen ihr Leben plötzlich in einem ganz neuen Licht sahen. Der Clown lockte mit seiner Liebe die Menschen so sehr, daß sie ihr Leben als ein einziges großes Fest feierten. Manche merkten, daß der Clown sie angesteckt hatte, daß sein Licht auch nach langer Zeit noch in ihnen weiterglühte und durch sie andere ansteckte. Der Clown baute zu ihnen Brücken aus Licht. Aus ihren Tränen wurde ein bunter Regenbogen, der über dem dunklen Abgrund leuchtete.

1. KIND: Wie hast du das geschafft, einen bunten Regenbogen, eine Brücke aus Licht zu bauen?

CLOWN: Immer wenn der Himmel lacht und weint, ist ein wunderbarer Regenbogen zu sehen, eine siebenfarbige Brücke aus Licht. Wenn ich mein Licht da aufscheinen lasse, wo Menschen traurig sind und weinen, dann entsteht eine bunte Brücke zwischen Himmel und Erde, ein Regenbogen. Darum sagt Jesus: »Laßt euer Licht leuchten«, das tief in eurem Herzen wohnt. »Laßt euer Licht leuchten«, wo Menschen traurig sind und weinen. So wie Sonne und Regen zueinander gehören, so gehören auch euer Licht und die Tränen der anderen Menschen zusammen. Immer wenn Menschen ihr Licht mit den Tränen der anderen verbinden, wächst eine leuchtende Brücke zwischen ihnen. Und immer, wenn Weinende einen Lichtstrahl oder einen Hoffnungsschimmer in ihrem Leid sehen, wächst eine leuchtende Brücke zwischen ihnen.

ERZÄHLER(IN): Die Worte des Clowns bewegten die Menschen und drangen tief in ihre Herzen. Langsam fanden Traurige ihre Lebensfreude wieder und lernten neu zu lachen und sich zu freuen. Ihre Freude kam aus einer großen Tiefe. Nach wie vor kannten sie das Leid und die Dunkelheit, aber das Licht in ihrem Innern und das unbeirrbare Vertrauen waren größer.

CLOWN: »Laßt euer Licht leuchten«, das euch geschenkt wurde. »Lebt als Kinder des Lichtes«, als Kinder des Regenbogens. Laßt euch anrühren von der Not der Menschen und helft, wo ihr könnt. Wenn euer Lebenslicht die Tränen der anderen erleuchtet, dann baut ihr eine bunte Brücke zu den anderen, einen Regenbogen, der leuchtet, der Freude schenkt und Leben.

Stille

Lied-Tanz »Wenn der Himmel nicht mehr weint« *oder* »Gehet nicht auf in den Sorgen dieser Welt«

Evangelium

Lk 2, 22 – 33 »Die Darstellung Jesu im Tempel« (KindLekt Bd. I,. Nr.30)

Ansprache oder **Überleitung**

Gott, dem Himmel und Erde gehören, erscheint in einem kleinen, hilflosen Kind. Das ist nicht zu verstehen. Nur zwei alte Menschen, die viel im Tempel beten: Simeon und Hanna, erkennen in diesem kleinen Kind das Licht und das Heil der Welt. Nur wenige Menschen glauben an Gott, der in einem kleinen Kind »die Karriere nach unten« gewagt hat, die Nähe der Menschen sucht, die arm sind und in dieser Welt nicht zählen. Das hat Menschen veranlaßt zu sagen: »Gott hat sich für uns zum Narren gemacht«. Gott gibt Jesus, das »Licht der Welt« in unsere Dunkelheit hinein, in die Dunkelheit unserer Höhlen, unserer Trauer, unserer Schuld, unserer Nacht. Er muß ein Narr sein, ein Narr der Liebe. Jesus hat in seinem Leben sein Licht scheinen lassen, wo Menschen traurig waren und weinten. Er hat vielen Menschen einen Regenbogen, ein Hoffnungszeichen, geschenkt. Er selbst ist zum Regenbogen, zum Bundeszeichen, zur verbindenden Brücke zwischen Gott und Menschen geworden. Er hat uns ein Bespiel gegeben, damit auch wir unser Licht, das seit unserer Taufe tief in unserem Herzen leuchtet, da aufleuchten lassen, wo Menschen traurig sind und weinen.

In Brot und Wein verschenkt Jesus, »das Licht der Welt«, sich immer neu an uns, verbindet er sein Licht mit unseren Tränen und Traurigkeiten. Er ist das neue Zeichen des Bundes zwischen Gott und uns. Er will uns erleuchten, damit wir mit ihm unser Licht leuchten lassen und zum farbenfrohen Regenbogen, zum Bundeszeichen für andere werden. »Lebt als Kinder des Lichtes«, als Kinder des Regenbogens, damit viele Menschen durch euch Freude und Licht erfahren.

Aktion

PRIESTER: Wie bei der Taufe, so wird jetzt eure Kerze an der Osterkerze entzündet. Jesus Christus will in euch und durch euch leuchten. »Lebt als Kinder des Lichtes!« Schenkt euer Licht weiter an alle, die hier sind. Was heute geschieht, sollt ihr immer tun, euer Licht weiterschenken an alle, die darauf warten. Baut Brücken des Lichtes, des Friedens und der Freude in unserer oft so dunklen Welt.

(Kinder entzünden ihre Kerze an der Osterkerze und bringen das Licht zu allen, die mitfeiern)

Lied »Farbe kommt in dein Leben, wo der Meistermaler malt« *oder* »Tragt in die Welt nun ein Licht« *oder:*

Glaubensbekenntnis

1. KIND: Jesus, wir glauben, daß du das Licht der Welt bist. Wir glauben, daß du uns in der Taufe dein Licht geschenkt hast.

2. KIND: Jesus, wir glauben, daß du in uns und durch uns in dieser dunklen Welt leuchten willst.

3. KIND: Jesus, wir glauben, daß du lebst und immer bei uns bist. Wir glauben, daß du durch unser Licht die Tränen der Menschen in eine bunte Brücke des Lichtes, des Friedens und der Freude verwandeln willst.

Fürbitten

PRIESTER: Jesus kam als Licht in die Dunkelheit der Menschen, die leiden müssen und traurig sind. Jesus Christus ist das Licht der Welt. Ihn bitten wir:

1. KIND: Wir bitten um dein Licht und um dein Heil für alle, die uns heute begegnen.

PRIESTER/ALLE: Christus, höre uns. Christus erhöre uns!

2. KIND: Wir bitten um Licht, um Hoffnung und Freude für alle, die traurig sind und weinen, weil sie enttäuscht und hoffnungslos sind. PR./A.:

3. KIND: Wir bitten um dein Licht, um Kraft und Liebe für alle, die sich für andere einsetzen und für alle, die in Staat und Kirche Verantwortung tragen. PR./A.:

4. KIND: Wir bitten um dein Licht, um Frieden und Versöhnung für alle, die im Streit leben und für alle, die in den Kriegsgebieten unserer Erde leben. PR./A.:.

5. KIND: Wir bitten um dein Licht, um deine Nähe und Hilfe für alle, die einsam, traurig oder krank sind, für alle, die Angst haben und keinen Ausweg aus ihrer Not sehen. PR./A.:

6. KIND: Wir bitten um dein Licht und um neues Leben für alle, die gestorben sind und mit denen wir uns über den Tod hinaus in Liebe verbunden wissen. PR./A.:

PRIESTER: Jesus, du bist das Licht und das Leben. Du schenkst Frieden, Freude und Heil. Dir sei Lob und Dank heute und in Ewigkeit. Amen.

Gabenbereitung

Lied »Ein bunter Regenbogen ist übers Land gezogen« *oder* »Brot, das die Hoffnung nährt« *oder* »Wir spinnen, knüpfen, weben«

Gabengebet

Gott, Quelle des Lichts und des Lebens. Mit Brot und Wein kommen wir zu dir und bitten dich, verwandle uns mit diesen Gaben in Menschen, die dein Licht durchscheinen lassen und die Tränen der Menschen in einen Regenbogen verwandeln, in ein Zeichen des Bundes zwischen dir und uns. Darum bitten wir durch Jesus Christus, der sich in Brot und Wein, den Zeichen des neuen und ewigen Bundes, uns schenkt, heute und an allen Tagen bis in Ewigkeit. Amen.

Hochgebet zum Thema »Versöhnung«
Präfation
Es ist gut und wichtig, dir, Gott des Lichtes, immer und überall zu danken für Jesus Christus, der Licht ist von deinem Licht. Er ist unsere Hoffnung und unser Heil. Er verwandelt Leid und Not, Trauer und Tränen durch sein Licht. Er ist das leuchtende Zeichen deines Bundes. Er verbindet uns mit dir und baut Brücken des Lichts über alle dunklen Abgründe hinweg. Seinetwegen, der Licht für uns und für diese Welt ist, loben wir dich und singen mit allen Engeln und Heiligen voll Freude:
Heilig-Lied »Unser Lied nun erklingt«

Vaterunser
Lied »Du, unser Vater«

Friedensgruß
Friedenslied »Nehmt Gottes Melodie in euch auf« *oder* »Jeder knüpft am eignen Netz«

Kommunionausteilung *(Orgel- oder Instrumentalmusik)*
Danklied »Erlaube den Vögeln, dich glücklich zu machen«

Schlußgebet
Gott, Quelle allen Lichts, die Freude und das Glück des Menschen ehren dich mehr als eine Welt voller Angst und Zweifel. Wir danken dir für dieses Mahl, das uns mit dir und untereinander verbindet. Erleuchte und begleite uns mit deinem Licht auf allen Wegen unseres Lebens und laß uns füreinander Licht sein durch Jesus Christus im Heiligen Geist. Amen.
Schlußlied/Auszug »Wir feiern ein Fest«

Muschel – Perle

Gemeindefest

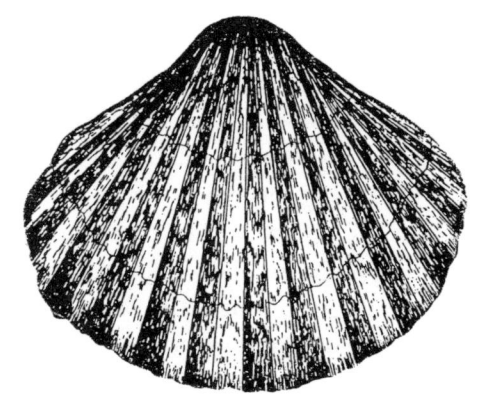

Vorzubereiten

Klappmuscheln, in die eine Perle geklebt wird, für alle, die mitfeiern.
Muscheln aus Papier, Stifte, große blaue Wand, worauf später diese
Muscheln geklebt werden. (Möglich: vor dem Altar blaues Tuch ausbrei-
ten, darauf Sand und viele verschiedene Muscheln)

Vor dem Gottesdienst

Kinder schenken allen eine Muschel mit einer Perle. (Kinder erhalten
zusätzlich eine Muschel aus Papier, die sie bunt malen können und wor-
auf sie ihren Namen schreiben/malen können)

Eröffnung

Lied »Herr, ich werfe meine Freude« *oder* »Wir feiern heut ein Fest«

Begrüßung

Priester: Zu unserem festlichen Gottesdienst begrüße ich herzlich
alle, die gekommen sind, um miteinander ihren Glauben und ihre
Gemeinschaft in Christus zu feiern. Wir bezeichnen uns mit dem
Kreuz, dem Zeichen unserer Erlösung, und bekennen, daß wir
zusammengekommen sind: Im Namen des Vaters …

Einführung

1. Kind: Eine Muschel liegt in meiner Hand, nur eine Muschel, wie es
hunderttausende im Meer gibt.

2. Kind: Und doch ist jede Muschel ein Wunderwerk, jede ist einmalig, so wie wir alle einmalige Geschöpfe Gottes sind.

Erwachsener: Die Muschel ist hier nicht zu Hause. Ihre Heimat ist das weite, tiefe Meer. Sie erinnert mich an Ferien, Wasser und Strand.

3. Kind: Die Muschel will uns daran erinnern, daß unsere wirkliche Heimat woanders ist.

Priester: Die Muschel ist auf dem dunklen Grund des Meeres zu Hause. Sie hat einen langen Weg hinter sich, bevor sie uns in die Hand gelegt wurde. Die Muschel ist ein Zeichen für das Unterwegssein, ein Zeichen für Pilger. Ein Pilger ist ein Mensch, der lange unterwegs ist auf ein fernes Ziel hin. Auf diesem Weg braucht er eine große Muschel als Gefäß, um Wasser zu schöpfen und zu trinken. Die Muschel dient dem Pilger als Trinkgefäß, Löffel und Teller zugleich, manchmal auch als Messer.

Der Apostel Jakobus, der unermüdlich unterwegs war, um die Botschaft Jesu zu den Menschen zu bringen, wird mit der Pilgermuschel dargestellt.

Erwachsener: Die Muschel hat zwei Schalenhälften, die ihr Halt und Schutz geben. Damit die Muschel leben und überleben kann, muß sie ihre Schalen öffnen. Nur wenn sie sich öffnet, kann sie zu einer kleinen Schatztruhe werden, kann eine Perle in ihr wachsen.

Jugendlicher: Wenn ich mir die Muschel ruhig anschaue, dann entdecke ich viele Gemeinsamkeiten. Wie die Muschel, so muß auch ich mich immer wieder öffnen, um neues Leben in mir zuzulassen. Wenn ich mich öffne, kann ich verletzt und verwundet werden. Aber nur durch Leid und Schmerz kann eine kostbare Perle in mir wachsen.

4. Kind: Diese Muschel ist ein Bild für uns. Unter unserer manchmal rauhen und harten Schale ist ein kostbarer Schatz verborgen.

Besinnung und Kyrierufe

1. Kind: In uns allen liegt ein Schatz verborgen, eine kostbare Perle, die wachsen und groß werden will. Manchmal glauben wir nicht an den kostbaren Schatz in uns und in anderen Menschen.

Liedruf »Herr, erbarme dich« *(mit Gebärden)*

2. KIND: Wie jede Muschel und jede Perle einmalig sind, so ist auch jede und jeder von uns einmalig. Manchmal vergessen wir das, dann möchten wir so sein, wie andere sind. **Liedruf**

ERWACHSENER: Kostbare Perlen werden aus Leid und Schmerz geboren. Die Muschel muß ihr Leben verlieren, damit die Perle wachsen kann. Wir aber weichen oft dem Leid und dem Schmerz aus. **Liedruf**

PRIESTER: Guter Gott, nimm von uns, was uns ängstigt und kleinhält, was Leben in uns unterdrückt und verhindert. Darum bitten wir durch Jesus Christus, der uns einen Weg zum Leben gezeigt hat. Amen.

Loblied-Tanz »Ich lobe meinen Gott, der aus der Tiefe mich holt«

Gebet

Gott, Schöpfer des Himmels und der Erde, wir danken dir für diese Muschel, die wir in unseren Händen tragen. Wir danken dir für deine unerschöpfliche Phantasie, denn du hast sie – und uns alle – einzigartig und unwiederholbar geschaffen. Wie das Meer Muschel und Perle umschließt, so sind wir umgeben von deiner göttlichen Liebe. Laß uns das nie vergessen. Fülle uns mit Leben und Freude, damit eine kostbare Perle in uns wachsen kann durch Jesus Christus im Hl. Geist. Amen.

Erzählung »Die Muschel«

ERZÄHLER(IN): Tief unten im blaugrünen Meer lebten viele Muscheln. Ihre Schalen waren alle unterschiedlich geformt. Einige waren fest verschlossen, andere konnten sich öffnen. Ihre Farben waren hellbraun, gelblich, rosa, weiß und blau. Manche hatten dunkle Streifen oder Flecken. Wenn die Sonnenstrahlen bis tief auf den dunklen Meeresboden fielen, schimmerten die Muschelschalen fast golden. Die Muscheln lebten glücklich zwischen Pflanzen, Steinen und vielen anderen Lebewesen. Sie freuten sich über jeden neuen Tag, über jeden Sonnenstrahl, der in ihr Leben fiel. Manchmal öffneten sie sich, um winzige Meerestierchen zu fressen. Unter den vielen Muscheln lebte eine besonders schöne Muschel, die von Tag zu Tag unruhiger wurde. Sie hatte sich im

Schutz einer großen grünen Pflanze niedergelassen. Hier fühlte sie sich geborgen und sicher. Eines Tages spürte sie in sich den kribbelnden Wunsch nach einem anderen Leben. Sie sagte sich:

1. MUSCHEL: Das kann nicht alles sein! In meinem Leben muß es mehr geben, als hier in meiner schützenden Schale zu liegen und mich nur ab und zu zu öffnen. Ich sehne mich nach einem erfüllten Leben, nach Weite und Freiheit.

2. MUSCHEL: Bleib, wo du bist! Es kann gefährlich werden, nach einem erfüllten Leben zu suchen. Ohne Leid und Schmerz ist neues Leben nicht zu haben!

ERZÄHLER(IN): Die große Muschel faßte den Entschluß, mutig aufzubrechen. Sehnsüchtig wartete sie auf jede Wellenbewegung, die sie ein wenig mehr aus dem sicheren Pflanzenbett schaufeln konnte. Viele Tage vergingen und ihre Sehnsucht nach einem neuen Leben, nach einem Leben in Freiheit, wuchs schneller als die Algen im Meer. Endlich wurde sie von einer großen Welle erfaßt und aus dem Sand hochgeschwemmt.

1. MUSCHEL: Ich habe es geschafft! Doch tief in mir spüre ich einen schmerzlichen Stich! Ein Sandkörnchen ist in mein Fleisch eingedrungen.

2. MUSCHEL: Ich habe es dir gesagt: Neues Leben ist nicht ohne Leid und Schmerz zu haben!

ERZÄHLER(IN): Die große Muschel wagte sich allein ins weite Meer. Durch die Kraft der Wellen wurde sie getragen, bis sie mitten im Sonnenstrahl auf dem Meeresboden landete. – Um sie herum war Licht und Weite. Glück und Freude, aber auch Angst und Schmerz erfüllte sie. Sie hatte sich von ihrer Sehnsucht tragen lassen. Nun mußte sie der Sehnsucht und dem neuen Leben in sich Raum geben. Bald schon spürte sie:

1. MUSCHEL: Ich trage einen kostbaren Schatz in mir, den ich um nichts in der Welt verlieren möchte.

ERZÄHLER(IN): So lag die Muschel still auf dem Meeresboden und träumte vom neuen Leben. Eines Tages öffnete sie vorsichtig ihre Muschelschalen. Millimeter um Millimeter öffnete sie sich. Plötzlich fiel ein warmer Sonnenstrahl mitten in ihre geöffneten Muschelschalen, mitten auf den Schatz, der in ihr gewachsen war.

Eine kostbare Perle schimmerte in den Farben des Regenbogens. In ihrem unendlichen Glück sah die Muschel auf einmal klar, daß es richtig war, sich von der Sehnsucht treiben zu lassen, denn nur so konnte aus Sehnsucht, Leid und Schmerz die kostbare Perle geboren werden, die sie in sich trug.

Stille oder Instrumentalmusik
Lied »Singt Halleluja unserem Herrn« *oder* »Halleluja, preiset den Herrn«

Evangelium
Mt 16, 24 – 27 »Wer sein Leben retten will, wird es verlieren« (KindLekt Bd. I, Nr. 70) oder Mt 13, 44 – 46 »Das Gleichnis von der kostbaren Perle«

Ansprache
Manchmal höre ich Familienväter sagen: »Meine Frau ist eine Perle!« Damit sagen sie, daß ihre Frau einmalig, wertvoll, unbezahlbar ist. Ich bin davon überzeugt und in vielen Begegnungen habe ich es erfahren, daß es hier in der Gemeinde ganz viele kostbare Perlen gibt, ja, daß alle, die hier sind, kostbare Perlen sind. Weil alle, die hier sind, einmalige, wertvolle Perlen sind, deshalb wurde allen eine Muschel mit einer Perle in die Hand gelegt.

Wir alle gleichen der Muschel. Durch die nährende Kraft aus der Tiefe und durch das Licht des Himmels kann und soll in uns allen die einmalige und wertvolle Perle entstehen. Auch wenn die Schalen hart und rauh sind, so verbirgt sich doch dahinter ein kostbarer Schatz.

Einige Eltern und Kinder – Perlen unserer Gemeinde – haben unsere Muscheln gesucht und sie mit Perlen versehen, um uns allen zu sagen, daß unter unserer manchmal rauhen Schale eine kostbare Perle verborgen ist.

Ihr, liebe Kinder, seid kostbare Perlen. Immer wenn ich mit euch zusammen bin, spüre ich, wieviel Kostbares in euch steckt. Ihr seid als Perlen gewachsen in der Muschel, im Leib eurer Mutter, aus dem Leben eurer Mutter. Maria ist die Muschel, die uns Jesus, die kostbarste Perle geschenkt hat. Nur Mütter und Väter, die bereit sind, Zeit und Geld, Kraft und Leben herzugeben, können den Raum schaffen, in dem kostbare Perlen sich entwickeln können. Wer alles für sich haben und behalten will, um das eigene Leben zu retten, der wird es verlieren, sagt Jesus uns heute. Wer aber bereit ist, sein Leben mit allen Kräften für das Leben anderer, für »das Heil der Welt« einzusetzen, dem wird neues, kostbares Leben geschenkt.

Wenn Kinder größer werden, bei Meßdienerinnen und Meßdienern, bei Jungen und Mädchen in den Firmgruppen habe ich gespürt, wie sehr ihr der Muschel gleicht, die sich langsam aus dem Pflanzenbett löst, weil es in euch eine Sehnsucht gibt nach mehr Leben, nach Weite und Freiheit. Das ist ein Zeichen, daß euer eigener Lebensreichtum sich entfalten will. Ihr spürt dabei, daß das nicht ohne Schmerz und Leid möglich ist. Nur wer bereit ist, anderen Leben zu schenken, wird selbst das Leben finden.

Zu den kostbaren Perlen unserer Gemeinde gehören alle, die in unserem Chor singen und spielen, die dort ihre musikalischen Fähigkeiten einsetzen, viel Zeit und Kraft, Treue und Geduld investieren. Ich hoffe und wünsche, daß alle Chor-Mitglieder wie die Muschel spüren, daß sie nicht Zeit und Kraft verlieren, sondern Leben gewinnen, neues, kostbares Leben. In uns allen will der Glanz der schönen Perle immer mehr aufleuchten. Aus eigener Kraft aber kann sich keine Muschel bewegen, befreien, ihr Leben entfalten, die Perle zum Glänzen bringen. Wir alle sind wie die Muschel angewiesen auf die bewegende Kraft des Wassers, auf den Heiligen Geist, der uns mitreißt und losreißt von dem, was uns festhält und gefangennimmt. Wir sind angewiesen auf den Lichtstrahl aus der Höhe, der den inneren Schatz zum Leuchten bringt. Nur in seinem Licht können wir erkennen, wer wir wirklich sind. Deshalb ist es gut, daß wir hier im Namen Gottes zusammengekommen sind. Gottes Wort berührt uns manchmal so wie das Sandkorn die Muschel. Vielleicht ist es uns geschenkt, mit dem Wort Gottes so umzugehen wie die Muschel mit dem Sandkorn: daß wir es umhüllen mit der Wärme unseres Seins, mit unserem Glauben, mit unserer Hoffnung und mit unserer Liebe, daß es zur Perle wird in unserem Leben.

Die Muschel in unserer Hand will uns daran erinnern, daß wir häufiger unsere Schalen öffnen, damit Gottes Wort in uns Raum finden kann, daß es in uns die kostbare Perle wachsen läßt.

Hier im Gottesdienst, in der Feier unseres Lebens und Glaubens, danken wir Gott, der Sehnsucht nach mehr Leben, nach Weite und Freiheit, in unser Herz gelegt hat, daß sein Geist die Kraftquelle ist, die uns bewegt und in die Weite bringt, daß er der Lichtstrahl ist, der uns erleuchtet und Orientierung gibt, der uns innerlich reich macht. Er läßt die Perle in uns wachsen, die alle Regenbogenfarben des Himmels widerspiegelt. Wir alle haben Grund, unseren Dank zu feiern, Eucharistie zu feiern, weil jede und jeder von uns unter den schützenden Schalen eine wertvolle Perle birgt. Wir alle sind von Gott einmalig und unverwechselbar geschaffen, von ihm gekannt, geliebt und beschenkt. Mit diesem liebenden Gott kann uns das Leben gelingen. Er schenkt uns immer neu in den Zeichen von Brot und Wein Jesus, die kostbarste Perle dieser Erde. Jesus lädt uns ein, ihm zu folgen. Durch sein Wort und Beispiel hat er uns den Weg zum Leben gezeigt: »Wer sein Leben retten will, wird es verlieren, wer aber sein Leben um meinetwillen verliert, der wird es finden«, der wird mit ihm zur kostbaren Perle.

Stille

Lied »Den Weg wollen wir gehen«

oder statt der Ansprache *(um möglichst viele zu beteiligen)*

Gespräch

1. KIND: »Du bist eine Perle!« sagt Papa manchmal zu Mama.

2. KIND: Was will er damit sagen?

1. KIND: Du bist wie eine Perle einmalig, wertvoll, unbezahlbar.

PRIESTER: Ich bin davon überzeugt und in vielen Begegnungen habe ich es erfahren, daß es hier in der Gemeinde ganz viele Perlen gibt, ja, daß alle, die hier sind kostbare Perlen sind.

1. KIND: Weil alle, die hier sind, einmalige, wertvolle Perlen sind, deshalb haben wir allen eine Muschel mit einer Perle in die Hand gelegt.

JUGENDLICHER: Wir alle sind wie die Muschel unterwegs, getrieben von der Sehnsucht nach Glück und nach mehr Leben. Durch die nährende Kraft aus der Tiefe und durch das Licht des Himmels kann und soll in uns allen die einmalige, wertvolle Perle entstehen. Auch wenn die Schalen hart und rauh sind, so verbirgt sich doch dahinter ein kostbarer Schatz.

2. KIND: Einige Eltern und Kinder – Perlen dieser Gemeinde – haben Muscheln für uns gesucht und sie mit Perlen versehen, um uns allen zu sagen, daß unter unserer manchmal rauhen Schale eine kostbare Perle verborgen ist.

KATECHETIN: Ihr, liebe Kinder, seid kostbare Perlen, ein Schatz unserer Gemeinde. Immer, wenn ich mit euch zusammen bin, spüre ich, wieviel Kostbares in euch steckt. Aus dem Leben eurer Mutter seid ihr als Perlen gewachsen. Täglich dürft und könnt ihr euch jetzt weiterentwickeln, damit euer Leben eine runde Sache wird, wertvoll und kostbar.

PRIESTER: Maria wird oft mit einer Muschel verglichen. Sie hat uns Jesus, die kostbarste Perle geschenkt. Nur Mütter und Väter, die bereit sind, Zeit und Geld, Kraft und Leben zu verlieren, können den Raum schaffen, in dem kostbare Perlen sich entwickeln können. Wer alles für sich haben und behalten will, um das eigene Leben zu retten, der wird es verlieren, sagt Jesus uns heute. Wer aber bereit ist, sein Leben mit allen Kräften für das Leben anderer einzusetzen, dem wird neues, kostbares Leben geschenkt.

GRUPPENLEITER(IN): Perlen der Gemeinde sind auch unsere Meßdiener und Meßdienerinnen, die treu beim Gottesdienst der Gemeinde dienen. Bei euch und bei den Jugendlichen spüre ich, wie sehr ihr der Muschel gleicht, die sich langsam aus dem Pflanzenbett löst. In euch gibt es eine Sehnsucht nach mehr Leben, nach Weite und Freiheit. Das ist ein Zeichen, daß euer eigener Lebensreichtum sich entfalten will. Wahrscheinlich spürt ihr dabei, daß das nicht ohne Leid und Schmerz möglich ist. Nur wenn ihr bereit seid, anderen Leben zu schenken, werdet ihr selbst das Leben finden.

ERWACHSENER: Zu den kostbaren Perlen unserer Gemeinde gehören auch alle, die in unserem Chor singen und musizieren, die ihre Fähigkeiten einsetzen, viel Zeit, Kraft und Geduld investieren, um uns einen festlichen Gottesdienst zu gestalten. Ich hoffe und wünsche, daß sie alle spüren, was das Evangelium sagt, daß sie nicht nur Lebenskraft und Zeit verlieren, sondern neues, kostbares

Leben gewinnen. In uns allen will der Glanz der schönen Perle immer mehr aufleuchten.

PRIESTER: Aus eigener Kraft kann sich keine Muschel bewegen, befreien, ihr Leben entfalten, die Perle in sich zum Glänzen bringen. Wir alle sind wie die Muschel angewiesen auf die bewegende Kraft des Wassers, auf den Heiligen Geist, der uns mitreißt, uns losreißt von dem, was uns festhält und gefangennimmt.

Wir alle sind angewiesen auf den Lichtstrahl aus der Höhe, der den inneren Schatz zum Leuchten bringt. Nur in seinem Licht können wir erkennen, wer wir wirklich sind. Deshalb ist es gut, daß wir hier im Namen Gottes zusammengekommen sind. Im Gottesdienst, in der Feier unseres Lebens und Glaubens, danken wir Gott, der die Sehnsucht nach mehr Leben, nach Weite und Freiheit, in unser Herz gelegt hat. Gottes Geist ist die Kraftquelle, die uns bewegt und in die Weite bringt. Hier lassen wir uns erreichen vom Lichtstrahl Gottes, der uns erleuchtet und Orientierung gibt, der uns innerlich reich macht. Im Licht Gottes können wir zur Perle werden, die alle Regenbogenfarben des Himmels widerspiegelt. Wir haben deshalb allen Grund, unseren Dank zu feiern, Eucharistie zu feiern, weil jede und jeder von uns eine Perle ist, einmalig, unverwechselbar von Gott geschaffen, von ihm gekannt, geliebt und beschenkt.

1. KIND: Mit Gott, der uns liebt, der die Sehnsucht nach Weite, Freiheit und Lebensfülle in unser Herz gelegt hat, kann uns das Leben gelingen!

PRIESTER: In den Zeichen von Brot und Wein schenkt Gott uns Jesus, die kostbare Perle. Jesus nährt uns, formt uns und lädt uns ein, ihm zu folgen. Durch sein Wort und Beispiel hat er uns den Weg zum Leben gezeigt.

Jesus sagt: »Wer sein Leben retten will, wird es verlieren, wer aber sein Leben um meinetwillen verliert, der wird es finden«, der wird mit ihm zur kostbaren Perle.

Stille oder **Instrumentalmusik**

Glaubensbekenntnis

1. KIND: Gott, Vater und Mutter aller Menschen, wir glauben, daß du die Sehnsucht in unser Herz gelegt hast, damit wir ein Leben lang auf der Suche bleiben nach dem kostbarsten Schatz und der wertvollsten Perle.

Liedruf »Ich glaube, Herr, daß du es bist«!

2. KIND: Gott, Schöpfer des Himmels und der Erde, wir glauben, daß du uns für den Himmel geschaffen hast, der in uns und zwischen uns auf der Erde beginnt. Liedruf

1. KIND: Wir glauben an Jesus Christus, Gottes Sohn, der uns durch Wort und Tat einen Weg zum Leben gezeigt hat, und der in den Höhen und Tiefen unseres Lebens unser Freund und Bruder ist. Liedruf

2. KIND: Wir glauben an den Heiligen Geist, der unsere engen Grenzen sprengen und uns neu in Bewegung bringen will zu einem Leben, das erfüllt und fruchtbar wird durch die Liebe. Liedruf

Fürbitten

PRIESTER: Auf dem Pilgerweg unseres Lebens bitten wir Gott:

1. KIND: Für alle, die zu unserer Gemeinde gehören. Laß sie glauben, daß du ihnen Kostbares anvertraut hast, daß sie einmalige Perlen für dich sind.

Liedruf »Segne sie alle, Gott!«

MUTTER: Für unsere Kinder. Laß sie erfahren, daß Eltern, Erzieherinnen, Katecheten und Lehrerinnen sie in ihrem Wachsen und Werden so sorgsam beschützen wie die Muschelschalen die Perle. Liedruf

VATER: Für unsere Jugendlichen. Laß sie selbst und alle, die ihnen begegnen, daran glauben, daß unter ihrer manchmal rauhen Schale eine kostbare Perle verborgen ist, die zur Entfaltung kommen will. Liedruf

2. KIND: Für alle, die ihr Leben als einen mühsamen Pilgerweg empfinden. Laß sie daran glauben, daß du ihr Ziel und ihre Heimat bist. Liedruf

JUGENDLICHER: Für alle, die auf der Suche sind nach mehr Leben, die, von ihrer Sehnsucht gedrängt, nach mehr Weite und Freiheit suchen. Laß sie der Lebenskraft vertrauen, die von deinem Kreuz ausgeht und schenke ihnen Leben in Fülle. **Liedruf**

ALTER MENSCH: Für alle, mit denen wir uns über den Tod hinaus in Liebe verbunden wissen.
Laß sie, die ihr Leben verloren haben, es durch dich neu gewinnen. **Liedruf**

PRIESTER: Höre unsere Bitten, guter Gott, und führe uns zum Fest des Lebens durch Jesus Christus, der uns einen Weg zum Leben gezeigt hat. Amen.

Aktion

Kinder bringen ihre Muscheln aus Papier zum Altar und zeigen damit, daß sie zusammengehören im Meer unserer Zeit. Sie schenken sich Gott in diesem Zeichen, das ihren Namen trägt, Gott. Gott ist das Meer, das uns einmal wieder aufnimmt. Er möge uns jetzt verwandeln, damit er am Ende unseres Lebens eine kostbare Perle aus unseren Muschelschalen ernten kann.

Gabenbereitung

Lied »Nimm, o Herr, die Gaben, die wir bringen« *oder* »Brot, das die Hoffnung nährt«

Gabengebet

Gütiger Gott, mit Brot und Wein bringen wir uns selbst. Verwandle uns mit diesen Gaben in kostbare Perlen durch Jesus Christus, der unser Weg und unser Ziel ist, heute und in Ewigkeit. Amen.

Erstes Hochgebet für Meßfeiern mit Kindern

Präfation

Es ist gut und wichtig, dir Gott, unserem guten Schöpfer, immer und überall zu danken. Muscheln und Perlen erzählen davon, daß alles, was du ins Leben gerufen hast, wunderbar ist. Einmalig und unverwechselbar hast du jeden Menschen nach deinem Bild und Gleichnis geschaffen. Wir danken dir für Jesus, deinen Sohn, der uns befreit und einen Weg zum Leben gezeigt hat. Durch ihn schenkst du uns die Kraft, unser Leben zu entfalten. In seinem Licht können wir erkennen, wer wir sind. Durch ihn bringst du die Perle in uns zum Glänzen. Mit allen Engeln und Heiligen danken wir dir und singen zu deiner Ehre:

Heilig-Lied »Unser Lied nun erklingt«

Vaterunser *(singen mit Gebärden)*

Friedenstext

Jugendlicher: Ohne den Geist des Friedens sieht es in uns ganz düster aus. Ohne das Licht der Liebe und des Friedens können wir nicht miteinander auskommen. Ohne das Zusammenleben mit anderen Menschen entdecken wir nicht so viele Schätze und Perlen. Ohne Gott und seinen Frieden kann unser Leben nicht zum Fest werden.

Friedensgruß

Friedenslied »Unfriede herrscht auf der Erde«

Einladung

In barocken Kirchen ist eine Pilgermuschel über dem Tabernakel angebracht. Sie sagt, daß Jesus uns stärken will mit dem Brot des Lebens. Er selbst will unser Brot sein, damit wir Kraft haben auf unserer Pilgerreise.

Kommunionausteilung *(Orgel – oder Instrumentalmusik)*
(Nach der Kommunion werden die Muschelschalen der Kinder angeheftet)
Danklied »Ins Wasser fällt ein Stein« *oder* »Ja, freuet euch im Herrn«

Schlußgebet

Guter Gott, durch Jesus deinen Sohn, hast du uns zum Leben befreit. Gestärkt durch Jesu Wort und Brot können wir miteinander den Weg unseres Lebens weitergehen, bis wir mit ihm angekommen sind bei dir, zum Fest unseres Lebens in Ewigkeit. Amen.

Segen

Wir laden alle Eltern mit ihren Kindern ein, die in diesem Jahr zur Schule kommen (oder ihre Erstkommunion feiern), sich hier um den Altar zu stellen. Eltern sind wie die Muschelschalen. Aus ihrem Leben und aus ihrer Liebe leben die Kinder, die kostbaren Perlen gleichen. Noch brauchen diese Kinder die schützenden Muschelschalen der Eltern. Darum bitten wir die Eltern, ihre Kinder wie Muschelschalen zu umschließen und ihnen segnend die Hände aufzulegen.

PRIESTER: Der lebendige Gott segne euch und alles, was euch lebendig sein läßt, was euch wachsen und groß werden läßt. Gott, der euch wunderbar geschaffen hat, behüte euer Leben und alles, was euch wertvoll und kostbar sein läßt wie einmalige Perlen, die von Muschelschalen behütet im Meer der Zeit werden und wachsen.

In seiner Liebe beschütze euch der gute Gott und alle, die euch den notwendigen Lebensraum geben, alle, durch die ihr seine Liebe, seine Zärtlichkeit und Güte erfahren könnt.

In seiner väterlichen und mütterlichen Zuneigung berge euch der schöpferische Gott besonders dann, wenn Leid und Schmerz euch treffen, wenn Dunkelheit und Zweifel euch verwirren, wenn ihr nur Ende seht, wo Neues beginnen möchte, wenn ihr nur Tod und Untergang erlebt, wo neues Leben hervorkommen möchte.

Der barmherzige Gott segne euch und alles, was hilflos, klein und schwach ist. Er heile eure Wunden und stärke euren guten Willen, wachsen und reifen zu lassen, was gut und heilsam ist für euch und andere. Er führe euch sicher auf allen Wegen, damit ihr zum Leben in Fülle findet. So segne euch heute und an allen Tagen der lebendige und menschenfreundliche Gott, der Vater, der Sohn und der Heilige Geist. Amen.

Alternative nach der Kommunion

(beim Anbringen der Muscheln)

1. KIND: Die Muscheln erinnern an das weite, tiefe Meer. Wie die Muscheln im Meer wachsen, so leben wir in Gott.

2. KIND: Unsere Muscheln sehen aus wie kleine Pilgermuscheln. Sie erinnern uns daran, daß wir gemeinsam durch das Meer der Zeit schwimmen, der ewigen Heimat entgegen.

3. KIND: An vielen Wegkreuzungen ist eine Pilgermuschel zu sehen. Sie erinnert uns an Jesus, der uns einen Weg zum Leben gezeigt hat. Jesus ist der Weg. Er ist mit uns auf dem Weg. An ihn können wir uns halten.

1. KIND: Die Pilgermuscheln an Tankstellen erinnern daran, daß wir auf unserem Weg anhalten und auftanken müssen. Auf der Reise unseres Lebens müssen auch wir von Zeit zu Zeit anhalten und Rast machen. An Raststätten können wir anderen Menschen begegnen und von unseren Wegerfahrungen erzählen.

2. KIND: Die Muscheln, hier in der Kirche, erinnern uns daran, daß auch wir hier in der Kirche auftanken und ausruhen können. Bei Jesus können wir uns Mut und Kraft holen, damit wir an das Ziel unserer Lebensreise kommen.

3. KIND: Gottesdienst und Fest sind eine Raststätte für unsere Gemeinde. Hier können wir auftanken, ausruhen und einander begegnen. Hier können wir von unseren Wegerfahrungen erzählen und spüren, wie wertvoll wir füreinander sind.

Muttertag – Vergiß mein nicht

Vorzubereiten:
Vergißmeinicht-Sträußchen, die von Kindern vor dem Gottesdienst allen Müttern geschenkt werden.

Eröffnung
Lied »Wo zwei oder drei« *oder* GL 266 »Nun danket alle Gott«

Begrüßung und Einführung
PRIESTER: Heute am Muttertag sagen wir allen Müttern einen herzlichen Glückwunsch!
Mütter lassen mit ihrer Liebe und Sorge den mütterlichen Gott in dieser Welt sichtbar und erfahrbar werden. Das ist ein Grund zur Freude und zur Feier. So feiern wir diesen Gottesdienst: Im Namen des Vaters ... Der barmherzige, mütterliche Gott umgebe euch mit seiner Liebe und Treue. Seine Gnade sei allezeit mit euch.
1. KIND: Was ist eine Mutter?
2. KIND: Eine Mutter ist die Seele der Familie.
1. KIND: Sie ist ein Geschenk Gottes.
2. KIND: Die Mutter schenkt mir und allen in der Familie Nähe und Geborgenheit.
1. KIND: Sie gibt mir Schutz und Halt, wenn ich mich fürchte.
2. KIND: Sie schließt mich in die Arme, wenn ich weine und traurig bin.
1. KIND: Sie bleibt bei mir, wenn ich Angst habe. Sie tröstet und ermutigt mich.
2. KIND: Sie traut mir etwas zu und gibt mir einen guten Rat zur rechten Zeit.
1. KIND: Sie versteht mich. Sie hört zu mit den Ohren und mit dem Herzen.
2. KIND: Sie streichelt mich zärtlich und verbindet meine Wunden.
1. KIND: Sie vergibt mir meine Fehler und liebt mich trotz allem.

2. KIND: Eine Mutter ist ein Geschenk. Danke, guter Gott, für die Mutter, die du mir gegeben hast.

1. KIND: Danke, guter Gott, für alle Mütter, die hier sind. Danke für alle Mütter, die von dir erzählen und die mithelfen, unsere Gottesdienste zu gestalten.

Besinnung und Kyrierufe

3. KIND: Mütter brauchen viele »Danke-Tage« im Jahr, nicht nur am Muttertag. Oft aber nehmen wir ihre Liebe und Sorge selbstverständlich an, ohne ein Wort des Dankes, ohne ein Zeichen der Anerkennung.

Liedruf »Herr, erbarme dich« *(mit Gebärden)*

4. KIND: Durch die Liebe der Mutter erfahren wir, daß Gott uns liebt und für uns sorgt. Liedruf

5. KIND: Täglich brauchen wir in der Familie die Hilfe der Mutter, damit wir lernen, mit unseren Konflikten und Gefühlen richtig umzugehen. Liedruf

JUGENDLICHE: »Gott, du bist es, der mich zog aus dem Schoß meiner Mutter, der mir Geborgenheit und Nahrung schenkte an der Brust der Mutter. Von Geburt an bist du mein Beschützer. Vom Mutterleib an bist du mein Gott.« Laß mich dein Erbarmen, deine Nähe und Liebe neu erfahren durch Jesus Christus, der mit dir und dem Heiligen Geist lebt und uns liebt, heute und in Ewigkeit. Amen.

Loblied-Tanz »Ehre, Gott in der Höhe«

Gebet

Wie eine Mutter ihr Kind tröstet, so tröstest du uns, guter Gott. Satt dürfen wir sein an deiner tröstenden Brust und uns freuen an deinem mütterlichen Reichtum (Jes 66, 11. 13). Du bist es, der uns liebevoll in die Arme nimmt und uns zärtlich wie einen Säugling an die Wange hebt (Hos 11, 3-4). Wir danken dir, zärtlicher Gott, daß du die Mütter nach deinem Bild gestaltet hast. Wir danken dir heute am Muttertag für alle Mütter, durch die wir deine Liebe und Hilfe erfahren dürfen und bitten dich, segne unsere Mütter, daß sie deinem Bild immer ähnlicher werden. Darum bitten wir durch Jesus Christus, der mit dir und dem Heiligen Geist lebt und uns liebt, heute und in Ewigkeit. Amen.

1. Lesung Hos 11, 1-4,7

Als Israel jung war, gewann ich ihn lieb. Ich rief meinen Sohn aus Ägypten. Je mehr ich sie rief, desto mehr liefen sie von mir weg. Ich war es, der Ephraim gehen lehrte, ich nahm ihn auf meine Arme. Sie haben nicht erkannt, daß ich sie heilen wollte. Mit menschlichen Fesseln zog ich sie an mich, mit Ketten der Liebe. Ich war für sie wie eine Mutter, die den Säugling an die Wange hebt. Ich neigte mich ihm zu und gab ihm zu essen. Mein Volk verharrt in der Treulosigkeit. Sie rufen einen fremden Gott an, doch er hilft ihnen nicht auf.

Wie könnte ich dich preisgeben, Ephraim, wie dich aufgeben, Israel? Mein Herz wendet sich gegen mich, mein Mitleid entbrennt.

Ich will meinen glühenden Zorn nicht vollstrecken und Ephraim nicht vernichten. Denn ich bin Gott und nicht ein Mann, ich der Heilige bin in deiner Mitte.

Vergißmeinnicht – Litanei

1. KIND: Gott, du bist mein Gott. Du väterlicher und mütterlicher Gott, vergiß mein nicht!

VATER: Vergiß mein nicht, Gott. Gott, vergiß mein nicht. Du Gott meiner Kindheit, du Gott meiner Jugend, du Gott meiner ersten Liebe. Du Gott meiner Kinder: Vergiß mein nicht!

ALTER MENSCH: Du Gott meiner kommenden Jahre, du Gott meines Alters, du Gott meiner letzten Stunden, du Gott meines Lebens: Gott, du mein Gott, vergiß mein nicht!

2. KIND: Vergiß mein nicht, Gott! Mein Gott, vergiß mein nicht! Du mütterlicher Gott, du väterlicher Gott, du zärtlicher Gott, du barmherziger Gott, du Gott aller Kinder. Gott, vergiß mein nicht!

JUGENDLICHER: Gott, du mein Gott, vergiß mein nicht. Du Gott meiner Träume, du Gott meiner Hoffnungen und Pläne, du Gott meiner Zukunft, du Gott meines Lebens. Gott, du mein Gott, vergiß mein nicht!

MUTTER: Vergiß mein nicht, Gott. Mein Gott, vergiß mein nicht. Du Gott meines Hungers, du Gott meiner Durststrecken. Du Gott meiner Sehnsucht, du Gott meines Trostes: Vergiß mein nicht!

ALTER MENSCH: Du Gott meiner Wüsten, du Gott meiner Einsamkeit, du Gott meiner Verlassenheit, du Gott meiner Ausweglosigkeit, du Gott meines Glaubens. Gott, du mein Gott, vergiß mein nicht!

1. KIND: Du Gott von gestern, du Gott von heute, du Gott von morgen. Du zärtlicher und naher Gott. Du Gott aller Schwachen und Kleinen: Vergiß mein nicht!

VATER: Du Gott meiner Familie. Du Gott meiner Vollendung, du Gott meiner Seligkeit, du Gott meines Himmels. Gott du mein Gott, vergiß mein nicht!

Lied »Du bist da, wo Menschen leben, – hoffen, – glauben«

2. Lesung 1 Joh 4, 11-16 »Wer in der Liebe bleibt, bleibt in Gott«
Lied »Du bist da, wo Menschen lieben«

Erzählung »Eulalia«

ERZÄHLER(IN): Tief im Wald steht ein alter, hohler Baum. Die Tiere des Waldes erzählen, daß darin ein geheimnisvolles Wesen haust. Es hat feurigglühende Augen. In der Nacht, wenn die anderen Tiere schlafen, kommt es hervor. »Huh, huh«, hallt es dann durch den Wald. An einem Morgen sitzen in der Nähe drei junge Eulen auf dem Baum. Die anderen Vögel rufen:

VOGEL: Fliegt schnell fort, dort aus dem hohlen Baum droht euch Gefahr!

ERZÄHLER(IN): Doch die drei kleinen Eulen schlafen müde ein. Schon steht der Mond am Himmel, als sie hungrig erwachen. Auf der Jagd nach Fröschen haben sie kein Glück. Da hören sie über sich etwas wie Flügelschlagen, und ein großer Schatten schwebt zum hohlen Baum. Die drei Kleinen ducken sich.

EULE: Dort am Boden liegt ja etwas Eßbares für uns. Woher mag diese Hilfe kommen?

ERZÄHLER(IN): In der Abenddämmerung des folgenden Tages kreist ein Raubvogel über den Eulenkindern. Die Kreise werden kleiner, und näher und näher kommt der Raubvogel. Die drei Kleinen jammern vor Angst. Da kommt Hilfe aus dem hohlen Baum, und die drei Kleinen können erleichtert aufatmen.

Einmal hat ein Eulenkind ein aufregendes Erlebnis. Im Mondlicht fliegt es einem bunten Nachtfalter nach und verirrt sich dabei. Als die Sonne aufgeht, kann die kleine Eule nichts mehr sehen. Weit aus der Ferne kommt der dumpfe Ruf:»Huh, huh.« Durch diesen bekannten Ruf findet die kleine Eule zu den Geschwistern zurück.

Eine kleine Eule verfängt sich in einer Dornenhecke. Die spitzen Dornen halten sie fest. Auf einmal sind weite Flügel über ihr. Sie fühlt, wie sie mühsam befreit wird. Als sie die Augen öffnet, sieht sie, wie eine alte Eule sich lautlos erhebt und im hohlen Baum verschwindet. Rasch verbreitet sich die Kunde unter den Tieren:

VOGEL: Das unheimliche Wesen mit den glühenden Augen da im hohlen Baum ist nur eine gutmütige alte Eule.

ERZÄHLER(IN): Die Tiere versammeln sich unter dem hohlen Baum und verspotten die alte Eule. Sie rufen Eu- Eu- Eulalia. Der Eichelhäher wirft mit Eicheln nach ihr. Und weil alle Tiere die alte Eule verspotten, machen es die drei kleinen Eulen auch. Darüber ist die alte Eule sehr, sehr traurig. Sie weint dicke Tränen. Sie hatte die jungen Eulen lieb. Immer hat sie diese bewacht und für sie gesorgt wie eine gute Mutter. Den kleinen Eulen hatte sich doch schon einige Male das Leben gerettet.

EULALIA: So geht es Müttern, wenn ihre Kinder selbständig werden. Alle Hilfe wird ganz selbstverständlich angenommen. Auf ein Wort des Dankes warten wir vergebens.

ERZÄHLER(IN): Die Tiere, die die alte Eule verspotten, merken nicht, wie sich der Himmel seltsam verfärbt. Blitz und Donner erschreckt plötzlich die Tiere. Sie flüchten nach allen Seiten und suchen Schutz in ihren Höhlen und Nestern. Nur die drei kleinen Eulen sitzen hilflos auf einem Ast, von Sturm und Regen gepeitscht. Die kleinste Eule fällt kopfüber zur Erde. Auf leisen Pfoten schleicht ein Kater heran und will sich gerade auf seine Beute stürzen. Die alte Eule sieht es. Mit drohenden Augen und weitgeöffnetem Schnabel stürzt sie sich mutig auf den Kater, der fauchend verschwindet. Die drei kleinen Eulen erkennen nun, wie gut die alte Eule zu ihnen ist.

EULE: Vor allen Gefahren, die in den letzten Tagen und Nächten unser Leben bedroht haben, hat die alte Eule uns beschützt. Es war nicht gut, daß wir sie verspottet haben.

ERZÄHLER(IN): Froh und dankbar kuscheln sich drei kleine Eulen unter die schützenden Flügel der alten Eule, bei der sie sich geborgen fühlen.

EULE: Ob wir nicht von unserer Mutter und von Gott ähnliche Geschichten erzählen können?

(nach: »Eulalia« von Else Schwenk-Anger)

Instrumental- oder **Orgelmusik**
Liedruf »Halleluja« (Osterhalleluja)

1. KIND: Im Schatten seiner Flügel sind wir geborgen bei Gott. Wenn Gott uns so sehr geliebt hat, dann müssen auch wir einander lieben. **Liedruf**

JUGENDLICHER: Obwohl wir uns von Gott abgewandt hatten, hat er uns gerettet und mit unendlicher Liebe geliebt. Gott ist die Liebe, und wer in der Liebe bleibt, der bleibt in Gott und Gott in ihm. **Liedruf**

Evangelium Joh 17, 6 a. 11 ff.

In jener Zeit betete Jesus: »Vater, ich habe deinen Namen und deine Liebe den Menschen geoffenbart, die du mir aus der Welt gegeben hast. Heiliger Vater, bewahre sie in deinem Namen, damit sie eins sind wie wir. Solange ich bei ihnen war, habe ich sie bewahrt. Ich habe sie behütet, damit keiner von ihnen verlorenging. Jetzt gehe ich zu dir. Doch dies sage ich noch, damit sie meine Freude in sich haben. Ich bitte dich, bewahre sie vor dem Bösen und heilige sie in der Wahrheit«.

Aktion – Musik

Alle Kinder bringen eine bunte Blume zum Bild von Maria, der Mutter Jesu. Maria hat uns Jesus geschenkt. Heute am Muttertag wollen wir an sie besonders denken. *(Während dieser Aktion Orgel- oder Instrumentalmusik)*

7. KIND: Maria, wir danken dir, daß du der Welt die schönste Blume geschenkt hast, Jesus, deinen Sohn. Du warst für Jesus eine gute und treue Mutter. Du bist auch unsere Mutter, die Mutter aller, die zu Jesus gehören. Wir bringen heute am Muttertag Blumen, um dir zu danken und dich zu bitten: Maria, Mutter Gottes, bitte für uns!

8. KIND: Gott, wir danken dir für Maria, für unsere Mutter im Himmel. Wir danken dir für unsere Mutter, die alle Tage für uns sorgt. Wir haben ihr heute Blumen geschenkt. Blumen können vieles sagen.

9. KIND: Alle Blumen – auch Vergißmeinnicht – erzählen von deiner schönen Schöpfung. Sie erzählen vom Wachsen und Blühen, von Licht und Dunkelheit, von der Erde und vom Himmel.

10. KIND: Alle Blumen – auch Vergißmeinnicht – erzählen vom neuen Leben, von Zärtlichkeit und Zerbrechlichkeit, von Zuwendung und Liebe. Durch alle Blumen, durch ihre bunten Farben, durch ihre Leuchtkraft und ihren Duft, willst du, mütterlicher Gott, uns erfreuen, schenkst du uns deine Liebe.

11. KIND: Gott, wir danken dir für alle schönen Blumen, die ein Zeichen deiner Farbigkeit und Liebe sind. Wir schenken sie heute weiter, um unseren Müttern eine Freude zu machen und um ihnen zu danken, weil wir durch sie so viel von deiner Zärtlichkeit und Liebe erfahren.

Glaubensbekenntnis

Lied »Wir glauben an den großen, dreifaltigen Gott«

Fürbitten

PRIESTER: Zu Gott, der Vater und Mutter aller Menschen ist, tragen wir unseren Dank und unsere Bitten:

1. KIND: Gott, ich danke dir für meine Mutter, die immer für mich da ist, wenn ich sie brauche. Segne sie und alle Mütter. Gib ihnen eine große Liebe zu ihren Kindern, auch dann, wenn sie enttäuscht und verletzt werden.

Liedruf 1 »Segne sie alle, Gott!«

2. KIND: Gott, ich danke dir für meine Mutter, die bei mir war, wenn ich Angst hatte, die mich getröstet hat, wenn ich traurig war, die mich gesucht hat, wenn ich mich verirrt hatte.

Segne sie und alle Mütter und laß uns durch sie deine Liebe und Treue erfahren.

Liedruf 2 »Segne sie alle, Gott. Breite deine Hände aus, nimm sie all in deine Hut, breite deine Hände aus, dann wird alles gut«.

3. KIND: Gott, ich danke dir für meine Mutter und für alles, was sie für mich getan hat. Sie hat mich gestreichelt und mir zugehört. Sie hat mich in den Arm genommen und mit mir gespielt. Segne sie und alle Mütter, die in gesunden und kranken Tagen ihren Kindern Liebe und Geborgenheit schenken. **Liedruf 1**

4. KIND: Gott, ich danke dir für meine Mutter, die für mich arbeitet und sorgt, die sich mit mir freut und mit mir feiert. Segne sie und alle Mütter. Gib ihnen Kraft für ihre Arbeit und Freude an diesem Tag. Mache uns und alle Kinder bereit, den Müttern zu helfen und ihnen Arbeit abzunehmen. **Liedruf 2**

5. KIND: Gott, ich danke dir, daß du mir eine Mutter gegeben hast, daß du uns auch in Maria eine Mutter gegeben hast, die im Himmel für uns bittet. Segne alle, die uns helfen, in den Glauben an dich hineinzuwachsen. Segne alle, die uns durch ihr Leben zeigen, daß du uns liebst und unser Leben willst. **Liedruf 1**

6. KIND: Gott, ich danke dir, daß du mir Vater und Mutter bist, daß du mich nicht vergißt, du Gott, vergiß mein nicht. Ich danke dir für die Großeltern, für Paten, Verwandte und Freunde, durch die ich deine Liebe und Güte erfahre. Segne sie und alle, die uns Gutes tun und Freude schenken. Laß uns durch sie tiefer hineinwachsen in die Liebe zu dir und zu den Menschen. **Liedruf 2**

7. KIND: Gott, wir danken dir für alle, die mit uns leben und die vor uns gelebt haben, mit denen wir uns in Liebe über den Tod hinaus verbunden wissen. Segne sie und laß sie für immer in deiner Liebe geborgen sein. **Liedruf 1**

PRIESTER: Ja, Gott, segne alle, für die wir heute gebetet haben und laß uns mit dir zum Segen für diese Welt werden. Amen.

Gabenbereitung
Lied »Wenn das Brot, das wir teilen«

Gabengebet
Wie eine Mutter für ihr Kind, so sorgst du, guter Gott, für uns. Brot und Wein auf dem Altar sind Zeichen deiner und unserer Liebe. Nimm uns mit diesen Gaben an und verwandle uns in dankbare Menschen, durch Jesus Christus, deinen Sohn. Amen.

Zweites Hochgebet für Kinder
Präfation

Heilig-Lied – Kanon »Heilig, heilig, heilig bist du unser Gott« (M.:
Schweige und höre)

Vaterunser *(singen mit Gebärden)*

Friedensgruß
Friedenslied »Jeder knüpft am eignen Netz«
Kommunionausteilung *(Orgelspiel)*

Danklied »Unser Leben sei ein Fest« *oder* »Ja, freuet euch im Herrn«

Schlußgebet
Gott, Vater und Mutter aller Menschen. Wir alle sehnen uns nach
mütterlichen Menschen, die uns lieben, annehmen und Geborgenheit schenken. Danke, guter Gott, daß wir das alles bei dir finden und
bei unseren Müttern. Wir danken dir für dieses Mahl, für deine Liebe
und Menschenfreundlichkeit. Wir danken dir für unsere Mutter. Laß
die Vergißmeinnicht-Blumen uns daran erinnern, daß wir dich und
einander nie vergessen wollen. Vergiß mein nicht, du unser Gott,
heute und in Ewigkeit. Amen.

»Laßt euer Licht leuchten«

Schulanfang

Vorzubereiten

Einen großen Edelstein für den Altar, kleine Edelsteine für alle Kinder – Texte für die Kinder schon einige Tage vorher verteilen. Möglich: Die Geschichte auf eine Karte schreiben, ein Foto von Edelsteinen aufkleben und sie den Eltern mitgeben als Erinnerung an diesen Tag.

Eröffnung
Lied-Kanon
»Wo zwei oder drei«

**Begrüßung
und Einführung**

Herzlich begrüße ich heute am ersten Schultag euch, liebe Kinder. Es ist gut, daß ihr hier in der Kirche zusammengekommen seid, um mit Gott eure Schulzeit zu beginnen. Ich begrüße eure Eltern, eure Großeltern und Geschwister, eure Lehrerinnen und Lehrer und alle, die euch auf dem Weg in die Schule begleiten.

Die meisten von euch freuen sich und strahlen, weil endlich der erste Schultag gekommen ist. Einige Kinder haben etwas Angst, weil sie nicht wissen, was auf sie zukommt. Ich hoffe, daß eure Angst schnell vergeht, wenn ihr in die strahlenden Gesichter der anderen Kinder und in die Gesichter eurer Lehrerinnen und Lehrer schaut.

Ich wünsche euch heute und an allen Schultagen viel Licht und Freu-
de und das feste Vertrauen, daß Gott bei euch ist und mit euch geht.
Von Gott kommt unser Leben. Von ihm kommt das Licht und die
Freude. In seinem Namen beginnen wir die Schulzeit: Im Namen des
Vaters, des Sohnes und des Heiligen Geistes. Amen.
Lied- Kanon »Lobet und preiset, ihr Völker, den Herrn«

Gebet
Guter Gott, du bist die Quelle unseres Lebens, die Quelle unserer
Freude. Mit dir beginnen wir unsere Schulzeit. Wir danken dir, daß
du uns zusammengeführt hast. Wir danken dir für alle, die bei uns
sind und mit uns gehen. Laß uns durch sie deine Nähe und Liebe
erfahren.

Wir bitten dich, erleuchte uns mit deinem Licht und laß uns Licht
füreinander sein. Darum bitten wir durch Jesus Christus, der das
Licht der Welt ist. Er lebt mit dir und liebt uns, heute und in Ewigkeit.
Amen.

Geschichte vom wunderbaren Edelstein
LEHRER(IN): Auf dem Altar liegt ein großer, schöner Edelstein. Er will
uns eine Geschichte erzählen von einem wunderbaren Edelstein:
Es war einmal ein Kind, das lebte zu Hause bei Mutter und
Vater, bei den Schwestern und Brüdern, und alle lebten glücklich
miteinander. Das Haus, in dem sie miteinander wohnten, war ein
ganz besonderes Haus. Es beherbergte nämlich einen kostbaren
Edelstein, der glänzte und funkelte immerzu. Abends, wenn es
dunkel geworden war, strahlte der wunderbare Stein eine solche
Fülle von Licht und Wärme aus, wie wir es uns kaum vorstellen
können. Wer krank war und sein Licht und seine Wärme in sich
aufnahm, wurde geheilt. Der Stein war jedoch auf eine besondere
Weise empfindlich. Man mußte fest an ihn glauben, sonst verlor
er sein wunderbares Licht, seine Wärme und seine Heilkraft.
Der wunderbare Edelstein war vor vielen Jahren vom Himmel
gefallen, genau vor die Füße eines Kindes, das zum erstenmal in
die Schule ging. Das Kind staunte und freute sich über den wunderbaren Edelstein. Behutsam hob es den Stein auf, nahm ihn mit

zur Schule und trug ihn später in das Haus hinein, wo es wohnte. Von da an gehörte der Stein zu dem Haus. Alle, die im Haus wohnten, liebten den Stein und behüteten ihn wie einen kostbaren Schatz. Die Tür des Hauses mit dem wunderbaren Lichtstein darin, war nie verschlossen. Alle, die vorbeikamen, konnten in das Haus hinein, um den wunderbaren Edelstein zu sehen. Sie konnten sich im Haus wärmen, wenn sie es nötig hatten. Die Menschen fühlten sich wohl und geborgen in der Nähe des Steines. Es war, als ginge etwas von seinem Licht, von seiner Heil- und Wunderkraft auf sie über. Die Gesichter der Menschen, die das Haus bewohnten, strahlten allmählich so, als wären sie selbst ein Teil des Lichtsteines. Mehr noch: Alle, die in das Haus eintraten und die Bewohner anschauten, strahlten bald ebenso viel Licht und Wärme aus. Diese steckten wieder andere an. Die Kinder waren froh und strahlten. Sie steckten mit ihrem Licht alle in der Schule und auf dem Spielplatz an. Das Strahlen von Licht und Wärme wollte kein Ende nehmen. Zuletzt waren alle Kinder in der Schule, alle Bewohner im Dorf, in der Stadt und im weiten Land angesteckt vom Leuchten und Wärmen. Es schien, als wären die Lichtstrahlen lauter geheimnisvolle Fäden, die die Menschen miteinander verbanden und glücklich machten. Wie sonderbar, werden jetzt viele denken, wie wunderbar! Aber glaubt mir, das gibt es auch heute noch: Häuser mit solchen wunderbaren Steinen, mit strahlenden Kindern und mit Menschen, von denen viel Licht und Wärme ausgeht. (Nach: Irmgard Bachmann)

Solche Häuser und Kinder gibt es auch bei uns. Vielleicht gehört ihr auch dazu, vielleicht laßt ihr euer Licht leuchten und durchscheinen und steckt damit andere an. Glaubt mir, ihr könnt die Welt verwandeln.

Lied »Gottes Liebe ist wie die Sonne«

Evangelium nach Mt 5
Jesus sagte zu seinen Freundinnen und Freunden: »Ich bin das Licht der Welt« (Joh 8,12). Und: »Ihr seid das Licht der Welt. Eine Stadt, die hoch auf dem Berg liegt, kann nicht verborgen bleiben. Ein Licht

stellt man auf einen Leuchter, damit es allen im Haus leuchtet. So laßt
euer Licht leuchten, damit die Menschen eure guten Taten sehen und
Gott im Himmel dafür loben und preisen.«

Ansprache

Ihr, liebe Kinder,»ihr seid das Licht der Welt, ihr seid Licht für diese
Welt«, sagt Jesus. Ihr seid das Licht für die Kinder in der Klasse, Licht
für Eltern und Lehrer.»Laßt euer Licht leuchten«, wo immer ihr seid,
zu Hause, in der Schule, beim Spiel, auf der Straße, damit alle Menschen erfahren, wie gut ihr seid.

Vielleicht hat schon jemand zu euch gesagt:»Du bist mein Sonnenschein«. Wer das schon mal gehört hat, der weiß, wie gut das tut.
Hier vorne liegen kleine Edelsteine für alle Kinder, die heute in die
Schule kommen. Diese kleinen Edelsteine sind Bruchteile von einem
großen Stein. Diese kleinen Steine, die ihr behutsam in die Schule
und nach Hause tragen könnt, wollen euch an den wunderbaren
Edelstein erinnern, von dem ihr in der Geschichte gehört habt. Ich
hoffe, daß dieser Stein bei euch die gleiche Wirkung hat. Vielleicht
erinnert euch der Stein auch an Jesus Christus, der eines Tages vom
Himmel auf die Erde kam und viel Licht und Wärme verbreitete. Er
wird der Grund- und Eckstein der Kirche genannt. Jesus läßt wie der
wunderbare Edelstein sein Licht, seine Wärme und seine Heilkraft in
euer Leben fallen. Er läßt sein Licht leuchten und will uns alle
erleuchten, wärmen und heilen. Er möchte uns mit seiner Liebe, mit
seiner Freude, mit seinem Licht anstecken, damit auch wir unser
Licht leuchten lassen, andere damit wärmen und anstecken und so
alles um uns verändern.

Steckt mit eurer Freude, mit eurem Lachen, mit eurer Liebe andere an. Lebt als Kinder des Lichtes, damit andere über euch staunen
und Gott loben, weil es euch gibt.

Aktion

*(Kinder kommen nach vorne und holen sich einen Stein – bleiben im
Chorraum stehen und bilden einen Kreis)*
1. KIND: Manchmal wünsche ich mir, ich wäre ein leuchtender Edelstein für dich und könnte Lichtstrahlen in dein Gesicht zaubern.

2. KIND: Manchmal wünsche ich mir, ich wäre ein leuchtender Sonnenstrahl für dich, der dir Herz und Hände wärmt, der deine Tränen trocknet und deine Augen glänzen läßt, der dich an der Nase kitzelt und dich zum Lachen bringt.

3. KIND: Manchmal wünsche ich mir, ich wäre ein heller Sonnenstrahl für dich und könnte deinen grauen Alltag in ein helles Licht tauchen.

4. KIND: Manchmal wünsche ich mir, ich wäre ein warmer Sonnenstrahl und könnte alles, was dich kalt und starr sein läßt, in blühendes Leben verwandeln.

5. KIND: Jesus, du hast uns dein Licht geschenkt. Du sagst:»Laßt euer Licht leuchten«. Hilf uns dabei, heute und an allen Tagen unseres Lebens. Amen. (nach Sr. Heriburg Laarmann)

Fürbitten

MUTTER: Gott, segne diese Kinder, die heute zum ersten Mal in die Schule gehen. Schenke ihnen dein Licht und laß dein Licht in ihrem Leben aufleuchten.

LIEDRUF »Segne sie alle, Gott.«

VATER: Segne alle, die für diese Kinder sorgen und sie begleiten. Mache sie offen und bereit, dein Licht, deine Liebe und deine Wärme anzunehmen und weiterzugeben. **Liedruf:**

LEHRER(IN): Segne alle Kinder, die krank und traurig sind und alle, die Angst haben. Laß sie durch Jesus, der das Licht der Welt ist, zu frohen, leuchtenden und strahlenden Menschen werden. **Liedruf**

KIND: Für alle Kinder, die ein Licht für andere sind. Laß sie viel Licht und Wärme zu Hause und in der Schule verbreiten. **Liedruf**

Einleitung zum Vaterunser

PRIESTER: Weil wir zu Jesus Christus gehören und durch ihn zum Licht für diese Welt geworden sind, beten wir, wie er uns zu beten gelehrt hat:

Vaterunser *(mit Gebärden)*

Segen

Gott, Vater und Mutter aller Menschen, segne diese Kinder, die heute in die Schule kommen. Segne ihre Eltern, ihre Lehrerinnen und Lehrer. Begleite und beschütze sie auf allen Wegen.

Laß dein Licht ihr Leben durchdringen, damit sie froh und glücklich werden und andere mit ihrer Freude anstecken. Es segne euch alle der gute Gott, der Vater, der Sohn und der Heilige Geist. Amen.

Schlußlied-Tanz »Ausgang und Eingang« *oder* »Halleluja, danket dem Herrn«

Bunt und schön wie unser Leben

Schulanfang

Vorzubereiten

Bunte Schultüte füllen mit Süßigkeiten, Apfel, Stundenplan, Flöte und Notenheft, Ball mit Glückkäfer, von Kindern Bilder malen lassen, wie sie sich die Schule oder die Lehrerin vorstellen, Kette mit vielen Perlen

Eröffnung

Lied-Kanon »Ausgang und Eingang« *oder* »Wir versammeln uns zu dir, o großer Gott«

Begrüßung und Einführung

Herzlich begrüße ich euch, liebe Kinder, die ihr heute zum ersten Mal in die Schule geht. Ich freue mich mit euch, daß ihr ab heute Schülerinnen und Schüler der Grundschule seid. Ich begrüße eure Eltern, Großeltern, Geschwister und alle, die euch auf dem neuen Weg begleiten, besonders auch eure Lehrerinnen und Lehrer.

Es ist gut, daß wir uns in der Kirche treffen, um mit dem Segen Gottes diesen neuen Weg, diesen Lebensabschnitt, zu beginnen. Gott, der die Kinder ganz besonders liebt, möchte eure Wege mitgehen. Wo wir seinetwegen zusammenkommen, da ist Gott mitten unter uns. Im Namen unseres guten Gottes beginnen wir die Schulzeit und diesen Gottesdienst: Im Namen des Vaters . ... Weil wir uns freuen, wollen wir Gott mit Leib und Seele loben und in drei Kreisen tanzen zum Lied-Kanon »Lobet und preiset, ihr Völker, den Herrn«

Evangelium   Lk 18,15-17 oder Mk10,13-16 Jesus und die Kinder

Gebet

Gott, du liebst diese Kinder. Sie sind heute mit ihren Eltern gekommen, um mit deinem Segen ihre Schulzeit zu beginnen. Mit allen, die hier sind, danken wir dir, daß du diesen Kindern das Leben geschenkt und sie bis heute behütet hast. Wir bitten dich, bleibe bei ihnen, bei ihren Eltern, Lehrern und Lehrerinnen. Gib ihnen deinen guten Geist und hilf ihnen, freundlich und hilfsbereit zu sein, damit sie frohe und glückliche Menschen werden. Segne sie und bleibe bei ihnen durch Jesus Christus, der mit dir lebt und uns liebt, heute und an allen Tagen bis in Ewigkeit. Amen.

Ansprache mit Schultüte
Heute ist für euch, liebe Kinder, ein wichtiger Tag: der erste Schultag. Damit beginnt für euch eine neue Zeit. Die Eltern möchten, daß die Schule für euch bunt und schön ist, deshalb haben sie euch eine große bunte Tüte mitgegeben. Ihr seht, ich habe auch so eine wunderschöne bunte Tüte im Arm. Wahrscheinlich seid ihr neugierig, was in meiner Tüte ist. Ihr werdet staunen, wenn ich euch zeige, was da alles drin ist. Zwei Kinder helfen mir jetzt, die Tüte auszupacken.

Da sind **Süßigkeiten**, etwas, was ihr alle gerne mögt. *(Kinder zeigen und nennen, was sie aus der Tüte geholt haben).* Ich glaube, daß es so etwas auch in euren Schultüten gibt. Die Eltern wollen euch den ersten Schritt in die Schule versüßen. Die Schule soll euch schmecken. Sie soll euch Freude machen. Eure Eltern, eure Lehrerinnen und Lehrer wollen euch helfen, daß ihr frohe und glückliche Menschen werdet. Wer von euch keine Süßigkeiten in der Tüte hat, darf sich bei mir welche abholen.

Da ist ein **Apfel**, der gut aussieht. Die Schule, die jetzt auf euch wartet, soll wie so ein wunderschöner Apfel sein: sie soll für euch gesund sein, – sie soll euch Appetit machen, sie soll duften und zum Reinbeißen schön sein, sie soll für euch »eine runde Sache« sein, hoffentlich steckt da kein Wurm darin!

Dieser **Stundenplan** zeigt, daß ihr jetzt größer geworden seid. Wie bei den Erwachsenen warten jetzt Termine auf euch. Auf den Termin heute habt ihr euch alle gefreut. Jetzt sollt ihr jeden Tag mehr lernen. Eltern und Lehrer helfen euch, daß ihr lernt, froh und gut zu leben. Ihr werdet es bald merken: das Schönste im Stundenplan sind die Pausen.

Eine **Flöte** und ein **Notenheft** ist in meiner bunten Tüte: Musik ist eine feine Sache. Singen und musizieren schenken uns festliche und frohe Stunden. Ein Fest ohne Musik und ohne Lieder ist nicht schön.

Ich vermute, daß ihr in der Schule einige Feste feiern werdet. Damit euer Leben zum Fest wird, lernt ihr singen und musizieren. Ich hoffe, daß ihr immer den richtigen Ton trefft, daß niemand in der Klasse sich im Ton vergreift, daß es keine falschen Töne gibt. Ich hoffe aber auch nicht, daß jemand unter euch ist, der erwartet, daß alle nach seiner Flöte tanzen. Ich wünsche euch, daß euer Leben zu einem frohen Lied wird, das andere gerne hören. Jetzt wird für euch ein frohes Lied gespielt. Ich lade euch ein, kräftig mitzusingen und zu klatschen.

Lied »Halleluja, preiset (lobet) den Herrn«

Da ist ein **Ball**, auf dem ein großer **Glückskäfer** gemalt ist. Das Lernen möge euch immer spielend leicht fallen. Bei all dem, was ihr jetzt lernt, dürft ihr das Spielen nicht verlernen. Es ist gut, wenn ihr immer fair miteinander spielt. Ein Glückskäfer ist auf dem leuchtenden, roten Ball zu sehen. Ich habe ihn für euch gekauft, weil ich mir dachte, daß ihr alle so richtige Glückskäfer seid. Ich vermute, daß ihr auch füreinander Glückskäfer sein wollt.

Ja, von euch **gemalte Bilder** sind auch in meiner Tüte. N. und N. haben für euch sehr schöne Bilder gemalt. *(Kinder zeigen die Bilder)* Das Bild von N. zeigt eine leuchtende Sonne und ein rotes, großes Haus, eine Schule. Rot ist die Farbe der Liebe und Wärme. N. möchte, daß die Schule leuchtet und wärmt, daß die Sonne immer für euch scheint. Auf dem zweiten Bild gibt es einen grünen Weg, der zur Schule führt, und einen Regenbogen, der über der Schule leuchtet. Diese Farben erzählen vom Leben und von der Freude, aber auch vom Bund, den Gott mit den Menschen geschlossen hat. Ich hoffe, daß ihr in der Schule die Treue Gottes erfahrt, die sich im Regenbogen ankündigt, und daß ihr viele schöne Bilder malt, die euch und anderen Freude bereiten. Danke den Kindern, die diese Bilder gemalt haben!

Noch etwas Wichtiges ist in der Tüte: eine **Halskette mit vielen bunten Perlen.** Ich habe sie nicht gezählt, aber es sind ganz sicher so viele Perlen, wie Kinder heute in die Schule kommen.

Diese Kette erinnert uns daran, daß ihr alle kostbare Perlen, wertvolle Schätze seid, die Gott in seiner Hand hält. Ihr gehört jetzt zusammen, wie die Perlen zu dieser Kette. Die Perlen dieser Kette sind verschieden in Farbe und Form. Auch wenn ihr ganz verschieden seid, so ist doch jede und jeder von euch wichtig und wertvoll. Ihr wißt, was geschieht, wenn ich die Kette durchschneide: alle Perlen geraten durcheinander und rollen weg. Schlimm ist es dann, wenn wir eine Perle verlieren und sie nicht wiederfinden. Es ist gut, daß ein Faden die Perlen zusammenhält. Wie der Faden die Perlen, so hält Jesus euch in seiner Liebe zusammen. Er hat euch zusammengerufen, er verbindet euch miteinander. Ihr gehört zusammen. Zerreißt das Band der Liebe nicht. Haltet zusammen, damit niemand verlorengeht.

Die Schule wird für euch eine schöne bunte Sache sein. Sie wird viel schöner sein als diese große Tüte mit all ihren Schätzen.

Hinführung zum Vater unser

Wir reichen uns jetzt die Hände und zeigen, daß wir zusammengehören, wie die Perlen zu einer Kette. Wir bilden jetzt eine große Kette und beten miteinander um den Segen Gottes für euch, für eure Eltern, Lehrerinnen und Lehrer, wie Jesus uns zu beten gelehrt hat:

Vater unser
Lied »Alle Kinder dieser Welt sind dein«

Segen
Gott sei über euch und segne euch.
Er sei unter euch und trage euch.
Er sei neben euch und stärke euch.
Er sei vor euch und führe euch.
Gott sei die Freude, die euch belebt,
die Ruhe, die euch erfüllt,
das Vertrauen, das euch stärkt,
die Liebe, die euch begeistert,
der Mund, der euch beflügelt.

Gott sei euer Schutz und Segen,
er begleite euch auf allen Wegen.
So segne euch Gott, der Vater,
der Sohn und der Heilige Geist. Amen.

Schlußlied »Danke für diesen guten Morgen«

Gott ist uns immer nahe

Schulanfang

Vorzubereiten

Einen großen Regenbogen für die Kirche – von Kindern vorher für jede Klasse einen Regenbogen malen lassen – Möglich: Karte mit Regenbogen und Schrifttext für die Kinder

Eröffnung

Lied-Kanon »Wo zwei oder drei in meinem Namen versammelt sind«

Begrüßung und Einführung

Herzlich begrüße ich euch, liebe Kinder, die ihr heute zum ersten Mal in die Schule geht. Ich begrüße eure Eltern und Großeltern, eure Lehrerinnen und Lehrer und alle, die euch auf dem Weg in die Schule begleiten. Einige Väter und Mütter haben diesen bunten Regenbogen für euch angefertigt und hier aufgestellt. Die Eltern wollen Farbe in euer Leben bringen. Das neue Leben, das heute für euch beginnt, soll euch Freude machen, es soll bunt sein und leuchten in allen Farben des Lichtes. Mit dem Zeichen des Regenbogens hat Gott vor langer Zeit den Menschen versprochen, daß er immer für sie da ist. Unter dem Zeichen des Regenbogens wollen wir heute mit euch die Schulzeit beginnen: Im Namen des Vaters …

Lehrer(in): Manchmal ist der Alltag grau und langweilig. Manchmal ballen sich dunkle Wolken über uns zusammen, die sich in Gewitter oder in Regen entladen. Wenn dann die Sonne durch den Regen scheint, entsteht am Himmel ein wunderschöner, leuchtender Regenbogen. Sieben Farben hat das Licht, das im Regenbogen aufleuchtet. In bunten Farben wölbt sich der Regenbogen wie eine Brücke über uns. Er ist ein Zeichen, durch das Gott den Menschen sagt: Ich verlasse euch nicht! Ich bin immer bei euch! Ich schenke euch Leben und eine gute Zukunft.

1. KIND: Gott möchte Farbe in unser Leben bringen. Er möchte durch uns in dieser dunklen Welt leuchten. Wir sollen ein leuchtender Regenbogen sein am dunklen Horizont unserer Welt und Zeit.

Lied »Regenbogen, buntes Licht«

Gebet

2. KIND: Guter Gott, Vater und Mutter aller Menschen, manchmal spüre ich, wie nahe du mir bist. Manchmal merke ich nicht, daß du bei mir bist. Laß mich glauben, daß du mich liebst und immer bei mir bist. Du verläßt mich nicht. Auf dich kann ich mich verlassen. Das ist wunderbar. Danke!

ERZÄHLUNG »Auf Gottes Nähe vertrauen«

LEHRER(IN): Irgendwo lag in einem Krankenhaus ein kleiner Junge, der operiert werden sollte. Der Vater hatte ihn ins Krankenhaus gebracht. Er tröstete den Jungen und machte ihm Mut. »Vater«, sagte der Junge, »wenn du bei mir bleibst, dann habe ich keine Angst«. »Ich bleibe bei dir«, sagte der Vater. Der Arzt erlaubte es, und so setzte sich der Vater neben sein Kind, das auf dem Operationstisch lag. Als der Junge betäubt werden sollte, sah er den Vater bittend an und sagte: »Du bleibst doch bei mir?« Der Vater versprach es noch einmal. Dann begann die Narkose zu wirken. »Nun können Sie gehen«, meinte der Arzt, als der Kleine eingeschlafen war und die Operation beginnen sollte. »Nein«, sagte der Vater, »ich bleibe bei meinem Kind. Ich habe es versprochen«. Der Arzt war damit einverstanden. Die Operation gelang. Als der Junge aus der Narkose erwachte, hielt der Vater immer noch seine Hand. Da lächelte der Junge und sagte leise: »Danke, daß du bei mir bist, Vater!« und schlief wieder ein. Er war ganz ruhig, weil er wußte, der Vater ist bei mir. (nach: Willi Hoffsümmer, 255 Kurzgeschichten)

Stille

Tanz »Weil der Himmel nicht mehr weint«

Gebet

Gott, Vater und Mutter aller Menschen, du bist immer bei uns, auch wenn wir dich nicht sehen. Du bist da, wenn es dunkel ist in unserem Leben. Schenke uns dein Licht, das alle Farben enthält, die unser Leben bunt und schön machen. Darum bitten wir durch Jesus, unseren Freund und Bruder. Amen.

Schrifttext nach Gen 8,1ff

Gott gibt Noach ein Zeichen seiner Nähe

Eine große Flut bedeckte die ganze Erde. Gott hatte Noach, seine Familie und alle Tiere, die mit ihm in der Arche waren, nicht vergessen. Er ließ einen Wind über die Erde wehen. Langsam sank das Wasser. Noach öffnete das Fenster der Arche und ließ einen Raben hinaus. Der flog aus und ein, bis das Wasser auf der Erde vertrocknet war. Nach sieben Tagen ließ er eine Taube aus der Arche hinaus. Sie kam zurück mit einem grünen Zweig im Schnabel. Nun wußte Noach:

Gott hat uns gerettet. Es gibt neues Leben auf der Erde. Gott schenkt uns einen neuen Anfang. Für mich und für alle, die mit mir leben, beginnt ein ganz neues Leben.

Gott sprach zu Noach:»Komm heraus aus der Arche, du und deine ganze Familie. Bringe auch alle Tiere heraus.« Noach freute sich über das neue Leben, das Gott ihm, seiner Familie, den Tieren und der Erde gab. Er baute einen Altar und dankte Gott. Gott segnete Noach und alle, die mit ihm in der Arche gewesen waren. Er sprach zu ihnen:»Ich schließe einen Bund mit euch und mit euren Nachkommen. Nie mehr soll eine solche Flut kommen und die Erde verderben.« Gott setzte einen Regenbogen in die Wolken des Himmels und sprach:»Der Regenbogen ist das Bundeszeichen zwischen mir und allen Lebewesen auf der Erde. Steht der Bogen in den Wolken, dann denke ich an euch. Er sagt euch, daß ich immer bei euch bin«.

Ansprache

Wahrscheinlich habt ihr das alle schon einmal erlebt: die Sonne scheint plötzlich durch die dunklen Wolken und zaubert einen wunderschönen Regenbogen an den Himmel. Ich freue mich über jeden Regenbogen, den ich sehe. Immer neu staune ich über den bunten Bogen am Himmel, über das Bundeszeichen, das Gott uns gegeben hat. Wie gut, daß der bunte Bogen, der wie eine leuchtende Brücke aussieht, uns Augenblicke des Glücks schenkt. Der Regenbogen war schon immer für die Menschen ein Zeichen der Hoffnung. Weil wir hoffen, daß das neue Leben, das ihr heute beginnt, gut wird und unter Gottes Schutz steht, darum haben wir den Regenbogen als Zeichen für den Schulanfang gewählt.

Einige Kinder haben mir gesagt, daß sie sich auf die Schule freuen. Sie haben aber auch Angst vor dem, was auf sie zukommt. Der Regenbogen sagt allen: Was auch kommt, Gott ist immer bei euch. Er verläßt euch nicht. Gott geht mit euch in die Schule, in das neue Leben. Gott schenkt sein Licht, wenn es dunkel ist in unserem Leben. Sein Licht will in allen sieben Farben über uns und in uns leuchten. Wenn wir sein Licht in uns einlassen, dann können wir füreinander ein leuchtender Regenbogen sein.

Wir können aber auch so etwas sein wie die Taube. Wir können anderen Menschen Hoffnung schenken auf ein neues Leben. Wir können anderen die Botschaft vom neuen Leben bringen, von einem Leben in Frieden und Freude. Schenkt einander Hoffnung und Mut zum Leben. Malt den Regenbogen auf der Karte, die ihr gleich bekommt, bunt aus, damit ihr euch daran erinnert: Gott ist immer bei mir. Gott ist mir nahe. Er macht mein Leben bunt und will, daß ich gut und froh lebe. *(Kinder halten für jede Klasse einen großen Regenbogen hoch)* Einige Kinder haben für eure Klassen schon einen Regenbogen gemalt. Sie schenken ihn jetzt eurer Lehrerin. Sie wird ihn in der Klasse aufhängen. Ihr könnt dann eure Fotos darunter kleben und damit allen sagen: Wir leben unter dem Regenbogen. Wir fürchten uns nicht, denn Gott ist uns nahe. Gott ist immer für uns da, er will, daß unser Leben bunt und schön ist.

Fürbitten

PRIESTER: Gott hat uns allen das Leben geschenkt. Heute, am ersten Schultag der Kinder, bitten wir ihn:

1. KIND: Gott, du schenkst uns Licht und viele Farben, die uns Freude bereiten. Öffne unsere Augen und Herzen für die Zeichen deiner Nähe, damit unser Leben bunt und schön wird.

Liedruf »Gott, du bist uns immer nahe. Amen.« (M.: GL Nr. 16,9)

2. KIND: Laß uns an deine Nähe glauben und alle Tage deine Hilfe und deinen Schutz erfahren. **Liedruf**

3. KIND: In der Klasse führst du uns mit vielen Kindern zusammen. Hilf uns, gute Freundinnen und Freunde zu sein. **Liedruf**

4. KIND: Segne unsere Eltern und Geschwister, unsere Lehrerinnen und Lehrer. Laß uns durch sie deine Nähe und Liebe erfahren. **Liedruf**

5. KIND: Laß uns nie mutlos werden, sondern immer daran glauben, daß du uns einen neuen Anfang schenkst. **Liedruf**

6. KIND: Danke, guter Gott, daß du bei uns bist, heute und an allen Tagen unseres Lebens durch Jesus, unseren Freund und Bruder. Laß uns das nicht vergessen. Amen.

Vater unser *(mit Gebärden)*

Aktion: Faltblätter verteilen

Alle Kinder bekommen jetzt einen Regenbogen zum Ausmalen. Der bunte Regenbogen will euch daran erinnern, daß Gott euch immer nahe ist und daß ihr alle durch ihn zu einem leuchtenden Regenbogen am dunklen Horizont unserer Welt und Zeit werden könnt. Es ist gut, wenn ihr alle Dunkelheit im Leben vertreibt und Gottes Licht in allen Farben durchscheinen laßt.

Segen

(SchulanfängerInnen kommen zum Segen in den Chorraum und bilden einen großen Kreis. Eltern stellen sich dahinter und halten schützend und segnend die Hände über die Kinder)

PRIESTER: Segne, guter Gott, diese Kinder, die heute in die Schule kommen. Segne die Eltern, die Lehrerinnen und Lehrer, damit sie zum Segen für diese Kinder werden.

Behüte die Kinder auf all ihren Wegen und sei ihnen immer nahe. Schenke ihnen Frieden und ein farbenfrohes Leben. Hilf ihnen, Farbe in das Leben der Mitschülerinnen und Mitschüler zu bringen, Farbe in das Leben der Klasse, der Schule und der Gemeinde. Segne ihr Lernen und Spielen. Wölbe dich schützend wie ein bunter Regenbogen über sie und schenke ihnen einen neuen Anfang, wenn sie mutlos sind oder etwas falsch gemacht haben. Sei allen nahe in Not und Gefahr. Sei ihnen nahe an jedem Tag.

So segne euch alle der gute Gott, der Vater, der Sohn und der Heilige Geist. Amen.

Schlußlied »Ein bunter Regenbogen« *oder* »Kommt, wir malen einen Regenbogen« *(mit Gebärden)*

Gute Fahrt

Schulanfang

Vorzubereiten:
Großes Bild vom Zug, worin die Schulkinder ein Bild oder Foto von sich kleben können

Eröffnung
Lied-Tanz »Ausgang und Eingang«

Begrüßung und Einführung
PRIESTER: Herzlich begrüße ich alle zum ersten Familiengottesdienst nach den Ferien. Es ist gut, daß wir hier zusammengekommen sind, um miteinander das neue Schuljahr zu beginnen: Im Namen des Vaters, des Sohnes und des Heiligen Geistes. Amen.

Die Ferien sind vorbei. Der Zug »Schule« hat sich wieder in Bewegung gesetzt. Langsam geht es wieder los. Zum ersten Mal sind in dieser Woche die Kleinsten in den Zug »Schule« eingestiegen. Ich wünsche ihnen viel Vertrauen und eine gute Fahrt durch das erste Schuljahr.

Einige Kinder haben ein Gespräch vorbereitet. Sie wollen uns gute Wünsche für die Reise ins neue Schuljahr mitgeben.

Gespräch
1. KIND: »Alle einsteigen! Türen schließen! Der Zug fährt gleich ab!«
2. KIND: Was fällt dir ein? Die Ferien sind vorbei! Du kannst jetzt nicht mehr wegfahren.
1. KIND: Das will ich auch nicht. Ich möchte nur, daß ihr alle in den Zug »Schule« einsteigt, der sich jetzt wieder in Bewegung setzt. Wir fahren gemeinsam ins neue Schuljahr hinein.
2. KIND: Wer reisen will, wer in einen Zug einsteigt, der kann nicht alles mitnehmen. Er muß Menschen und viele schöne Dinge zu Hause lassen.

1. KIND: Abschied nehmen ist nicht immer ganz leicht. Aber es lohnt sich, vieles zu verlassen, um ein neues Ziel zu erreichen. Darum: »Alle einsteigen! Türen schließen, der Zug fährt gleich ab!«

2. KIND: Langsam! Ich hätte gerne noch längere Ferien, und ich vermute, daß es hier viele gibt, die den gleichen Wunsch haben.

1. KIND: Das geht nicht! Der Zug muß seinen Fahrplan einhalten. Er steht zur Abfahrt bereit. Alle einsteigen! Ihr verpaßt sonst den Anschluß. Wer nicht einsteigt, muß bald erleben, daß ihm die anderen ein Stück weit voraus sind.

2. KIND: Wenn ich dich richtig verstehe, dann waren die Ferien für dich so etwas wie der Aufenthalt auf einem Bahnhof?

1. KIND: Ja, in den Ferien konnten alle tun, was sie wollten, was ihnen Freude machte. Ich hoffe, daß sich in diesen Wochen, wo der Zug »Schule« Aufenthalt hatte, alle gut erholt haben. Aber jetzt geht es weiter. »Alle einsteigen! Der Zug fährt gleich ab!«

2. KIND: Langsam! Einige Kinder fahren zum ersten Mal mit diesem Zug. Sie haben lange auf diesen Tag gewartet. Sie freuen sich, daß es nun endlich losgeht. Sie wissen aber noch nicht, wie und wo sie einsteigen müssen.

1. KIND: Die Kinder, die in diesem Jahr zum ersten Mal mitfahren, sind ganz vorne. Sie kommen ins erste Abteil. Da ist es besonders schön und bequem. Die anderen kennen ihr Abteil, ihre Klasse, schon.

2. KIND: Viele Eltern sind am ersten Schultag mitgekommen, um den Kleinen zu helfen, ihr Abteil, ihre Klasse, zu finden. Sie haben ihren Kindern für die große Reise mit dem Zug »Schule« viele schöne und süße Sachen mitgegeben. Die Zucker-Tüte sollte den Kleinen alle Angst nehmen, bevor sie in den Zug »Schule« einsteigen; sie sollte trösten und Freude schenken, wenn es auf der langen Reise langweilig und schwer wird.

3. KIND: Angst braucht ihr vor uns, den Großen, nicht zu haben. Wir sind im letzten Abteil. Wir werden uns Mühe geben, daß euch die Reise mit uns gut gefällt.

4. KIND: Es ist schön, daß wir gemeinsam ins neue Schuljahr fahren. Wenn der Zug »Schule« wieder ein Jahr gefahren ist, dann wird unser Wagen abgehängt. Wir müssen dann umsteigen und mit einem anderen Zug weiterfahren. – Aber sag, wo sind denn die Schaffner in diesem Zug?

1. KIND: Jedes Abteil hat sogar einen eigenen Schaffner, einen Lehrer oder eine Lehrerin. Sie fahren mit. Sie kontrollieren nicht nur die Fahrscheine und sorgen für Ordnung, sondern sie erklären die Landschaft, durch die der Zug »Schule« fährt. Sie helfen, daß Kinder viele neue Dinge entdecken, daß sie sich freuen und miteinander viel Schönes erleben. Der Stundenplan zeigt an, was sie alles erklären und zeigen wollen.

3. KIND: Das Lernen kann aber manchmal sehr anstrengend sein. Aber wenn der Zug »Schule« wieder eine Weile gefahren ist, dann kommt auch wieder ein Bahnhof, wo der Zug Aufenthalt hat, wo wir wieder aussteigen und ein wenig ausruhen können. Jetzt aber heißt es: »Alle einsteigen! Der Zug fährt gleich ab!«

PRIESTER: Wenn jemand, den man gern hat, mit dem Zug wegfährt, dann gehen Eltern, Geschwister und Freunde mit zum Bahnhof, um sich zu verabschieden und eine gute Fahrt zu wünschen. Gute Fahrt! Das wünschen wir euch heute, da euer Zug »Schule« sich wieder in Bewegung setzt. Wir wünschen euch auf dieser Fahrt viel Glück, viel Freude miteinander und aneinander. Entdeckt viel Gutes und Schönes. Fahrt mit Vertrauen in das neue Schuljahr hinein. Gott führt euch. Er läßt euch nicht allein. Er ist bei euch, wenn ihr froh seid, und er ist bei euch, wenn ihr Angst habt. Wenn ihr tut, was er euch sagt, wenn ihr einander liebt, Frieden haltet und aufeinander Rücksicht nehmt, dann habt ihr eine gute Fahrt, dann kommt ihr glücklich und sicher ans Ziel.

Lied »Die Erde ist schön«

Gebet

1. KIND: Guter Gott, wir danken dir für die schönen Ferien. Wir konnten ausruhen und uns erholen. Wir konnten spielen und tun, was uns Freude machte. Das war schön. Wir danken dir.

ERWACHSENER: Gott, wir haben in den Ferien viel gesehen und erlebt. Alles, was du erschaffen hast, ist wunderbar! In allem, was groß und schön ist, aber auch in den kleinen Dingen konnten wir deine Spuren entdecken. Wir danken dir, daß du bei uns warst.

PRIESTER: Gott, wir danken dir, daß du uns jetzt wieder zusammenführst, daß du mit uns auf die Reise ins neue Schuljahr gehst. Bleibe bei uns und schenke uns deine Nähe und Hilfe heute und an allen Tagen durch Jesus, unseren Freund und Bruder. Amen.

Evangelium Mk 10,13-16 Jesus segnet die Kinder

Predigt

Segnen heißt: schützen. Jesus segnet die Kinder, die von den Müttern zu ihm gebracht werden. Eltern segnen ihre Kinder oder lassen sie segnen, weil die Kinder in unserer Welt und Zeit viel Schutz und Hilfe, Zuwendung und Verständnis brauchen.

Segnen heißt: Wärme geben. Eltern segnen ihre Kinder oder lassen sie segnen, weil sie wissen, daß ihre Kinder in unserer oft so kalten Welt viel Wärme und Zärtlichkeit brauchen. Eltern wissen, daß es für die Kinder ein Segen ist, wenn sie Nähe und Geborgenheit erfahren, wenn sie bedingungslos geliebt und angenommen werden. In so einem guten und warmen Klima können Kinder wachsen und sich entfalten.

Segnen heißt: Lebensraum gewähren. Eltern, die ihren Kindern viel Zeit schenken, auf sie hören und ihnen den notwendigen Lebensraum gewähren, damit sie sich entfalten können, sind ein Segen für die Kinder. Oft sind Kinder aber auch ein Segen für die Eltern.

Segnen heißt: signieren, bezeichnen. Wer Kinder segnet, bezeichnet sie mit dem Zeichen des Kreuzes. Damit wird deutlich, wem die Kinder gehören. Sie gehören Gott, der sie erschaffen hat und Jesus Christus, der sie durch seine große Liebe am Kreuz erlöst hat. Mit dem, was einem anderen gehört, muß ich, muß jede und jeder sehr behutsam umgehen.

Segnen heißt: kämpfen gegen alles, was kinderfeindlich ist. Jesus mußte schon damals gegen Kinderfeindlichkeit angehen, gegen seine Freunde, die glaubten, Kinder seien störend für ihren Meister. Jesus nahm die Kinder an und schützte sie. Er gab ihnen Geborgenheit und Wärme und gewährte ihnen Raum zum Leben. Jesus selbst war und ist ein Segen für die Kinder. Darum segnen Eltern ihre Kinder, wenn sie aus dem Haus gehen oder wenn sie eine große Reise antreten, wenn sie etwas Neues beginnen. Sie möchten, daß ihre Kinder den Schutz Gottes, seine Wärme und Geborgenheit erfahren und zum Segen für andere werden. Bevor der Zug »Schule« sich in Bewegung setzt, wollen wir alle Kinder segnen, die neu in die Schule gekommen sind.

Kindersegnung

Eltern kommen mit den Kindern in den Chorraum Der Priester legt allen die Hände auf und segnet sie für die Reise ins neue Schuljahr.
Lied »Halte zu mir, guter Gott«

Fürbitten

PRIESTER: Durch Jesus wissen wir, daß Gott die Kinder liebt und segnet. Ihn bitten wir:

1. KIND: Segne alle Kinder, die jetzt in den Zug »Schule« einsteigen. Laß sie und ihre Eltern deinen Schutz und deine Nähe erfahren.

Liedruf »Segne sie alle, Gott« (nach jeder zweiten Bitte:) »Breite deine Hände aus, nimm uns all in deine Hut. Breite deine Hände aus, dann wird alles gut«.

2. KIND: Segne alle Mädchen und Jungen und alle Lehrerinnen und Lehrer. Schenke ihnen Kraft, immer gut und fair miteinander umzugehen. **Liedruf**

3. KIND: Segne alle, die heute zum ersten Mal in den Zug »Schule« einsteigen. Hilf ihnen, gute Freunde und Freundinnen zu finden und laß sie zum Segen für andere werden. **Liedruf**

4. KIND: Segne alle Kinder auf dem Weg zur Schule und nach Hause. **Liedruf**

5. KIND: Segne alle Lehrerinnen und Lehrer, die mit den Kindern in den Zug »Schule« einsteigen. Gib ihnen viel Geduld und Verständnis für die Kinder. **Liedruf**

6. KIND: Segne uns alle und gib uns eine gute Fahrt ins neue Schuljahr. **Liedruf**

PRIESTER: Guter Gott, um deinen Segen bitten wir dich für alle, die wir deinem Schutz anvertrauen möchten: Laß alle sicher an das Ziel ihres Lebens gelangen durch Jesus Christus, der für uns Weg und Ziel ist, heute und in Ewigkeit. Amen.

Gabenbereitung

Lied GL 490 »Was uns die Erde Gutes spendet«

Gabengebet

Guter Gott, mit Brot und Wein bringen wir uns selbst mit all unseren Nöten und Sorgen, mit unserer Freude und Angst. Verwandle uns mit diesen Gaben in neue Menschen, die helfen und teilen, die lieben und Freude schenken durch Jesus Christus, unseren Bruder. Amen.

III. Hochgebet für Meßfeiern mit Kindern

Heilig-Lied GL 510 »Heilig, heilig«

Vater unser *(mit Gebärden)*

Friedensgruß

Lied »Jesus Brot, Jesus Wein, auf unserm Weg Zeichen wird sein«

Kommunionausteilung *(Instrumental- oder Orgelspiel)*

Lied »Zeige uns den Weg« *oder* »Der Himmel geht über allen auf«

Schlußgebet

Guter Gott, wir danken dir, daß du uns alle gestärkt hast für die Reise ins neue Schuljahr.

Wir danken dir, daß du uns beschenkt hast durch Jesus, deinen Sohn, der bei uns ist und bei uns bleibt. Laß uns, durch ihn gestärkt, einander lieben und miteinander froh und glücklich werden. Darum bitten wir dich durch Jesus, der ein Freund aller Kinder, aller Armen und Kleinen ist. Amen.

Entfalten, was in uns steckt

Allerheiligen /Heiligenfeste

Vorzubereiten:
Vergoldete Walnüsse für alle. Die Schalen vorher füllen mit einem Bibeltext zum Thema Kleid, Gewand (Beispiele siehe Glaubensbekenntnis)

Eröffnung
Lied »Manchmal feiern wir mitten im Tag«

Begrüßung und Einführung
Wir haben das Fest Allerheiligen gefeiert: In diesen dunklen Novembertagen feiern wir die Heiligen, das sind Menschen, durch die Gottes Licht und Liebe in dieser Welt aufgestrahlt ist. Wir feiern den heiligen Martin, die heilige Elisabeth und viele andere, die Licht in die Dunkelheit gebracht haben, die Arme und Nackte bekleidet haben und die von Gott bekleidet wurden mit Gewändern aus Licht und Heil. Im Namen des heiligen Gottes, der uns allen das Heil schenken will, beginnen wir diesen Gottesdienst: Im Namen des Vaters …

Besinnung und Kyrierufe
1. KIND: Heilige, das sind Menschen, durch die Gottes Güte und Menschenfreundlichkeit in dieser Welt aufgeleuchtet ist. Sie haben zur Entfaltung gebracht, was in ihnen steckt.
Liedruf »Herr, erbarme dich« *(mit Gebärden)*
JUGENDLICHER: Heilige, das sind Menschen, die aus dem Glauben leben oder gelebt haben. Sie erinnern uns daran, daß wir viel mehr Möglichkeiten haben als wir denken, um unser Leben zu entfalten, ganz zu schweigen von den Möglichkeiten, die Gott mit uns hat.
Liedruf »Christus, erbarme dich« *(mit Gebärden)*
2. KIND: Heilige, das sind Menschen, die Jesus Christus gefolgt sind und sich auf seine heilende Botschaft eingelassen haben. Sie sind

für uns leuchtende Vorbilder. Sie zeigen uns einen Weg zum Leben, einen Weg zu Gott.

Liedruf »Herr, erbarme dich« *(mit Gebärden)*
PRIESTER: »Laßt uns ablegen die Werke der Finsternis«, denn Gott will uns bekleiden mit Licht und Erbarmen. So sind wir neue Menschen, die Jesus Christus als Gewand angezogen haben (vgl. Röm 13,12). Amen.

Loblied-Tanz »Ehre Gott in der Höhe«

Gebet

Lebendiger Gott, in der Taufe hast du uns bekleidet mit einem Gewand aus Licht und Heil durch Jesus Christus, deinen Sohn. Durch ihn hast du uns ewiges Leben geschenkt, Leben von dir. Hilf, daß deine kostbaren Gaben in uns zur Entfaltung kommen, damit wir – wie alle deine Heiligen – »Leben haben in Fülle« durch Jesus Christus, der mit dir und dem Heiligen Geist lebt und wirkt, heute und in Ewigkeit. Amen.

Hinführung zum Märchen

1.KIND: Eine goldene Nuß liegt in meiner Hand. So eine Nuß ist eine runde Sache. Diese Nuß will mich erinnern an meinen guten Kern, an alles, was in mir steckt, was ich noch entfalten muß, um so zu werden, wie Gott mich will.

2. KIND: Die Nuß ist ein Bild für mich. Sie fragt mich, in wessen Hand ich bin. Vertraue ich mich so der Hand Gottes an?

MUTTER: Die Nuß ist auch ein Bild für Menschen, die meinen Händen anvertraut wurden. Wie gehe ich mit ihnen um? Beachte ich sie? Glaube ich, daß unter ihrer rauhen Schale Schätze verborgen sind?

ERZÄHLER(IN): Diese Nuß erinnert mich an ein Märchen, das erzählt wird.

Märchen »Die goldene Nuß«

Ein Mensch erhält von einem guten Geist ein liebevoll eingewickeltes und verschnürtes Päckchen. Darüber freut er sich sehr. Sofort beginnt er das Geschenk auszupacken. Zuletzt entdeckt er eine goldene Nuß. Sie ist sehr schön. Er freut sich an ihr und legt sie in seinem

Zimmer so hin, daß er sie oft anschauen kann. Aber mit der Zeit gewöhnt sich der Mensch an den Anblick der goldenen Nuß und sieht immer häufiger darüber hinweg. Schließlich beachtet er sie gar nicht mehr. Sie liegt eben da.

Eines Tages aber fällt sie ihm wieder auf. Er nimmt die goldene Nuß in die Hand und fragt sich, ob er sie nicht doch öffnen sollte. Behutsam macht er sie auf. Er staunt. Er entdeckt darin ein feines, seidenes Gewebe. Vorsichtig beginnt er, dieses kostbare Gewebe auseinanderzufalten, und er kann auseinanderfalten und auseinanderfalten und auseinanderfalten. Schließlich hält er ein großes seidenes Tuch in Händen. Das ist wunderschön. Es ist bestickt mit der ganzen Schöpfung, mit Sonne, Mond und Sternen, mit Blumen, Tieren und Menschen, mit der ganzen Welt und mit sehr vielen Menschen, die in dieser Welt wohnen. Mit dem kostbaren Tuch kann er seine ganze Gestalt bedecken. Er ist darin gehüllt wie in ein neues Gewand. Der Mensch kann sich gar nicht satt sehen an seinem neuen Kleid. So mit einem neuen Gewand bekleidet, fühlt er sich verwandelt in einen neuen Menschen. Er ist ganz eins mit sich und mit der Welt.

Instrumentalmusik

Lesung Eph 4,27 + Kol 3,8 ff
Lied »Gehet nicht auf in den Sorgen dieser Welt«

Evangelium Mt 25,31-40 »Ich war nackt, und du hast mich bekleidet« oder Mt 9,20-26 Eine Kranke berührt das Gewand Jesu oder Mk 12,41-44 Jesus erkennt den Wert des Opfers der armen Witwe.

Ansprache
Dieses tiefsinnige Märchen erzählt, daß hinter unserer äußeren Schale, mag sie rauh oder vergoldet sein wie diese Nuß, Kostbares zu finden ist, etwas, was uns verändern und verwandeln kann in einen neuen Menschen. Das Wichtigste in unserem Leben ist oft verborgen, verpackt oder verschlüsselt, es ist ganz klein beieinander, da, wo wir es gar nicht vermuten. Das Wichtigste in unserem Leben ist leicht zu übersehen.

Das Kleid ist so etwas wie eine bergende Schale, die schützt. Es hüllt den Menschen ein, verdeckt etwas und bringt ihn neu zur Geltung. Kleider spiegeln oft etwas vom inneren Wesen des Menschen wieder. Im Kleid kann ich mich neu zur Erscheinung bringen. Der Mensch im Märchen freut sich an seinem neuen Kleid. Er fühlt sich verwandelt in einen neuen Menschen. Das Gefühl kennen wir doch auch, daß ein neues Kleid uns verwandeln kann in einen neuen Menschen. Wichtig ist, daß es uns gelingt, die Schale aufzubrechen und zu entwickeln und zu entfalten, was in uns steckt. Erst wenn wir alles entfalten, was Gott als Geschenk in uns hineingelegt hat, wird sichtbar, was in uns steckt. Was verborgen in uns liegt, ist kostbar und gut. Wir können es entfalten und uns damit bekleiden und so ganz neue Menschen werden, Menschen, die nach dem Bild Gottes geschaffen sind.

Die Heiligen haben in ihrem Leben zur Entfaltung gebracht, was Gott in sie hineingelegt hatte. Sie haben sich bekleidet mit herzlicher Liebe und mit Erbarmen, mit Güte, Menschenfreundlichkeit und Gerechtigkeit.

Wir kennen Erzählungen vom heiligen Martin. Er hat mit dem frierenden Bettler seinen Mantel geteilt. Im Traum erfährt er, daß er in seiner Liebe nicht nur den Bettler, sondern Jesus Christus selbst bekleidet hat. »Ich war nackt, und und du hast mich bekleidet«, sagt Jesus ihm und allen, die den Armen unter uns Kleidung und damit Schutz und Hilfe schenken.

Die heilige Elisabeth hat Kranke gepflegt, Aussätzige in ihr Haus aufgenommen. Sie hat Nackte bekleidet und Hungernden Brot gegeben. In ihrem jungen Leben – sie ist nur 24 Jahre alt geworden – hat sie, wie auch viele andere Heilige, zur Entfaltung gebracht, was an Liebe und Erbarmen, an Güte und Gerechtigkeit in ihr steckte.

Wie alle Heiligen, die wir feiern, sind die heilige Elisabeth und der heilige Martin von Gott bekleidet worden »mit den Gewändern des Heils«. Die Heiligen – wir alle sind Heilige seit unserer Taufe – haben in der Taufe Jesus Christus als Gewand angelegt, wie Paulus im Brief an die Galater schreibt. Die Heiligen haben dieses Gewand entfaltet und durch ihr Leben aus der Liebe gezeigt, wer Jesus Christus für die Menschen ist.

Die goldene Nuß will uns daran erinnern, daß wir wie alle Heiligen zur Entfaltung bringen sollen, was in uns steckt.

Was kann denn das sein, was verpackt, verschlüsselt, ganz klein beieinander in uns steckt? Ist es Glaube, Hoffnung, Liebe, Friede, Güte, Hilfsbereitschaft, Geduld? Oder was ist es? Ich wünsche allen, die hier sind und mir, daß wir die Schätze entdecken, die verborgen in uns sind, und daß wir sie entfalten, damit uns das Leben gelingt und wir Leben haben in Fülle.

Aktion

Unsere Kinder schenken jetzt allen, die hier sind, eine goldene Nuß zur Erinnerung an dieses Märchen und an die Schätze, die in uns liegen und entfaltet werden wollen. In dieser goldenen Nuß ist kein Gewand, mit dem wir uns bekleiden können, um ganz neue Menschen zu sein. Es sind Worte aus der Bibel darin, Worte vom Kleid und vom neuen Menschen. Bei unserer Taufe wurden wir bekleidet mit einem weißen Gewand, das uns immer mehr verwandeln will, damit wir durch unser Leben Jesus Christus in dieser Welt sichtbar machen. Durch ihn sind wir ganz neue Menschen geworden. Unser Taufkleid will uns daran erinnern, daß wir Jesus Christus wie ein Gewand angelegt haben. Was uns in der Taufe geschenkt wurde, muß entfaltet werden, muß sichtbar werden in unserem Leben. Mit Jesus Christus bekleidet können wir dann leben wie er: eins mit Gott, eins mit uns selbst und eins mit der Welt. (*Kinder verteilen goldene Nüsse an alle, die zum Gottesdienst gekommen sind.*)

Lied »Ihr seid das Volk, das der Herr sich ausersehn« *oder* 2.+3. Str. vom Lied »Gehet nicht auf in den Sorgen dieser Welt«

Glaubensbekenntnis

Liedruf »Es kleidet mich der Herr in Gewänder des Heils.«

1. Kind: »Der Herr kleidet mich in Gewänder des Heils. Er hüllt mich in den Mantel der Gerechtigkeit.« (Jes 61,10) **Liedruf**

Mutter: »Zieht den neuen Menschen an, der nach dem Bild Gottes geschaffen ist in wahrer Gerechtigkeit und Heiligkeit.« (Eph 4,24) **Liedruf**

JUGENDLICHER: »Bekleidet euch mit aufrichtigem Erbarmen, mit Güte, Demut, Milde und Geduld. Legt den alten Menschen ab, ihr seid neue Menschen geworden nach dem Bild des Schöpfers.« (Kol 3, 8ff) **Liedruf**

2. KIND: »Ihr alle, die ihr auf Christus getauft seid, habt Christus als Gewand angelegt.« (Gal 3,27) **Liedruf**

VATER: »Laßt uns ablegen die Werke der Finsternis und anziehen die Waffen des Lichtes. Legt als neues Gewand Jesus Christus an.« (Röm 13,12) **Liedruf**

Fürbitten

PRIESTER: Jesus hat enfaltet und in unserer Welt sichtbar werden lassen, was in ihm steckte. Durch ihn wurde Gottes Liebe, Gottes Licht und Gottes heilende Nähe für die Menschen erfahrbar. Darum bitten wir:

1. KIND: Für alle, die getauft sind, daß Glaube, Hoffnung und Liebe sich in ihrem Leben immer mehr entfalten können.

PR./ALLE: Christus, höre uns! Christus, erhöre uns!

VATER: Für alle, die zu unserer Gemeinde gehören, daß sie im Gebet und in der Begegnung mit Jesus Christus sich verwandeln und erneuern lassen. PR./A.:

JUGENDLICHER: Für uns alle, die wir getauft sind, Jesus Christus angezogen haben und durch ihn neue Menschen geworden sind, daß wir in seinem Licht leben und mit ihm zum Licht für viele Menschen werden. PR./A.:

MUTTER: Für alle Eltern, Erzieher und Erzieherinnen, daß sie den Kindern helfen, das zu entfalten, was in ihnen steckt. PR./A.:

VATER: Für alle, die Gott nicht erfahren und ihn nicht erkennen. Laß sie überzeugten Christen und Christinnen begegnen, damit sie in ihrem Leben entfalten, was du ihnen geschenkt hast. PR./A.:

ERWACHSENER: Für unsere Toten. Bekleide sie alle mit Gewändern des Heils und laß sie in deinem Licht für immer leben. PR./A.:

PRIESTER: Laß uns dich erkennen, Jesus Christus, und den, der dich gesandt hat, damit wir neue Menschen werden für Zeit und in Ewigkeit. Amen.

Gabenbereitung
Lied »Du bist das Licht der Welt«

Gabengebet
Du Gott unserer Verwandlungen, mit Brot und Wein bringen wir goldene Nüsse und alles, was in uns noch klein und verpackt unter Schalen lebt und darauf wartet, entfaltet zu werden. Verwandle du uns mit Brot und Wein in neue Menschen, die Jesus Christus angezogen haben für Zeit und Ewigkeit. Amen.

Zweites Hochgebet für Meßfeiern mit Kindern
Präfation
Es ist gut und wichtig, dir, verborgener Gott, immer und überall zu danken, denn du hast uns inmitten deiner Schöpfung das Leben geschenkt mit vielen guten Gaben, die sich entwickeln und entfalten wollen. Wir danken dir für Jesus, deinen Sohn, durch den viele Menschen deine heilende Nähe erfahren haben. In der Begegnung mit ihm entdeckten sie ihren inneren Reichtum, konnte sich ihr Leben verändern und erneuern. Wir danken dir, daß wir durch die Taufe neue Menschen geworden sind. Bekleidet mit Jesus Christus und erleuchtet durch sein Licht loben wir dich mit allen Engeln und Heiligen und singen zu deiner Ehre:
Heilig-Lied GL 491

Vaterunser *(singen mit Gebärden)*

Friedensgruß
Lied »Gib uns Frieden jeden Tag«

Kommunion *(Orgel- oder Instrumentalmusik)*
Danklied »Unser Leben sei ein Fest«

Schlußgebet
Gott, seit der Taufe leben wir in dir. Wir danken dir für die Gemeinschaft mit dir und mit Jesus Christus, der uns erleuchtet und bekleidet hat. Laß alle, die uns heute begegnen, deine Nähe und Liebe,

deine Güte und Menschenfreundlichkeit erfahren durch uns und durch Jesus Christus, der mit dir lebt und uns Leben schenkt, heute und in Ewigkeit. Amen.

Schlußlied-Tanz »Komm Herr, segne uns«

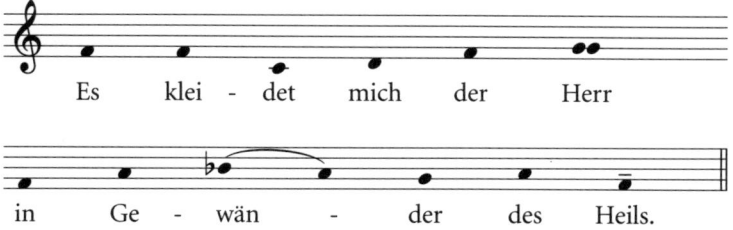

Es   klei - det   mich   der   Herr

in   Ge - wän   -   der   des   Heils.

Farbe ins Leben bringen

Gemeindefest

Vorzubereiten:

von Kindern eine große graue Wand malen lassen – große graue Pilze, große Pilze in allen Farben; Texte zur Besinnung in drei oder mehrere große Pilze schreiben; bunte Pilze für alle, Stifte. Vor dem Gottesdienst: Kinder geben allen, die kommen, einen kleineren bunten Pilz

Einzug

Kinder und Erwachsene ziehen mit großen bunten Pilzen tanzend im Pilgerschritt ein.

Lied »Nimm dir Zeit zum Danken, nimm dir Zeit zum Feiern« *oder* »Ausgang und Eingang« *oder*

Eröffnung

Lied »Jetzt ist die Zeit« *oder* GL 644 »Sonne der Gerechtigkeit«

Begrüßung und Einführung

PRIESTER: Wir feiern heute ein Fest, ein Fest unserer Gemeinde. Wir feiern unser Leben, in das Gott Farbe bringen will: Im Namen des Vaters …

Lied »Wir feiern ein Fest«

Gespräch

1. KIND: Komm, wir feiern ein Fest!
2. KIND: Ein Fest feiern mitten im grauen Alltag? Mein Leben ist oft grau und langweilig. Jeden Tag erlebe ich den gleichen Trott. Zu nichts habe ich Lust. Wie soll ich da ein Fest feiern?
3. KIND: Male dir das Leben aus mit bunten Träumen, mit Lebenslust und Freude. Male dir das Lebens aus mit vielen bunten Farben: mit den Farben des Himmels und der Erde, mit allen sieben Farben des Regenbogens. Alle Farben haben ihren Glanz, jeder Farbtupfer hat seine Stimmung.

Lied »Wir feiern ein Fest«

1. KIND: Komm, wir feiern ein Fest, bunt und schön!

JUGENDLICHER: Ein Fest feiern – bunt und schön? Kennst du denn nicht die graue Wirklichkeit? Die Luft ist verseucht, der Wald stirbt, Katastrophen werden gemeldet. Grauer Beton, grauer Asphalt machen sich überall breit, und flachgewalzt wird das grünende, blühende Leben. Verdrängt werden die Kinder mit ihren Spielen. In so einer grauen Welt willst du ein buntes Fest feiern?

3. KIND: Male dir das Leben bunt aus. Nimm die Farben der Blumen, Wälder und Seen. Jeder Farbton läßt dich eine unerschöpfliche Fülle erleben. Setze dich ein für die Bewahrung dieser farbenfrohen Schöpfung, für die Kinder mit ihren bunten Spielen, dann wird auch dein Leben bunt und schön.

Lied »Wir feiern ein Fest«

1. KIND: Komm, laß dich ein auf das Fest der Farben, auf das Fest des Lebens!

ERWACHSENER: Ein Fest des Lebens, das farbig und schön ist, willst du feiern? Siehst du denn nicht die grauen Wolken am Horizont unserer Zeit? Krieg, Angst, Mißtrauen, Untreue, Arbeitslosigkeit, Terrorismus, Krankheit und Tod ziehen als dunkle Wolken über unser Leben und machen es grau und verhangen.

3. KIND: Laß sie durchscheinen, die bunten Farben des Himmels und der Erde. So wirst du einen neuen Himmel und eine neue Erde erleben!

2. KIND, JUGENDLICHER UND ERWACHSENER: Träumst du?

3. KIND: Wenn einer alleine träumt, ist es nur ein Traum. Wenn viele gemeinsam träumen, so ist das der Beginn, der Beginn einer neuen Wirklichkeit. Träumt unsern Traum.

Lied-Kanon »Wenn einer alleine träumt«

Märchen »*Coloris*«

ERZÄHLER(IN): Ein Märchen, das aus dem heutigen Zeitgeist geschrieben wurde, will uns helfen, über unser Leben und über unsere Zukunft nachzudenken. Es wird von Kindern pantomimisch gespielt und mit Musik untermalt.

(Kinder, bunt angezogen, kommen mit Picknickkörben, Spaten, Besen... und setzen sich zusammen, teilen, erzählen, lachen...)
Das Leben in Coloris war bunt und schön. Alle, die dort lebten, arbeiteten fleißig. Trotzdem hatten sie immer Zeit füreinander, Zeit, frohe und farbige Feste zu feiern, um ihr Leben und das Leben miteinander bunt und schön zu gestalten.

(Kinder kommen mit farbigen Pilzen)
Auffallend in Coloris war die Farbenpracht in den Gärten. Die Leute dort lebten von farbigen Pilzen. Sie verstanden es, diese in immer neuen Farben zu züchten.

(Kind abseits, umgeben von farbigen Pilzen, evtl. Pinwand)
Am Rande des Dorfes lebte Blanco. Sein Garten war besonders farbenfroh. Alle, die vorbeikamen, staunten und freuten sich über diese Pracht. Die Leute in Coloris arbeiteten gern in ihren bunten Gärten. Die Kinder halfen, wo sie konnten.

(Kind bestaunt einen Pilz)
Sie bestaunten jeden Pilz, der mit frischer Farbenpracht aus dem Boden trieb.

(Ein Fremder, in grauen Farben gekleidet, kommt.
Alle Mitspieler(innen) versammeln sich um den Fremden)
Eines Tages kam ein Fremder nach Coloris. Neugierig versammelten sich die Leute um ihn. Schnell hatte es sich herumgesprochen, daß der Fremde Samen von einem neuen, ihnen unbekannten Pilz besaß.

(Der Fremde, der grau gekleidet ist, zeigt Samentütchen)
FREMDER: Seht, dieser Samen ist das Ergebnis einer langen Forschung. Daraus wächst ein honigsüßer Pilz. Er wird größer und schneller reif als alle Pilze in eurem Land. Er braucht keine mühsame Gartenpflege. Er ist ganz bescheiden. Er verlangt nur Wasser. Er wird euch großen Gewinn bringen. Alle werden danach verlangen, und ihr werdet genügend davon haben.

(Verteilt Tütchen gegen Bezahlung. Alle säen)
ERZÄHLER(IN): Die Leute waren begeistert und legten den neuen Samen in die Erde.

(Kinder kommen mit großen grauen Pilzen staunen, freuen sich)
Bald schossen große graue Pilze aus dem Boden. Sie wuchsen und

wuchsen. Die Leute waren beglückt. Von so großen Pilzen hatten sie bisher nur geträumt. Blanco schüttelte mißtrauisch den Kopf.

(Blanco, der abseits steht, winkt ab)

BLANCO: Nicht jeder Fortschritt, nicht alles, was neu ist, ist gut. Warum soll ich meinen schönen Garten mit solchen häßlichen Graupilzen bewachsen lassen? Mein farbenfroher Garten gefällt mir, und die Arbeit macht mir Spaß.

ERZÄHLER(IN): Die Graupilze bei den Nachbarn wuchsen dermaßen, daß sie bald auch in Blancos Garten übergriffen.

(Graue Pilze verdrängen die bunten, Blanco versucht, seine Pilze zu retten)

Verzweifelt versuchte Blanco, sein buntes Reich zu verteidigen. Doch er erntete von den Nachbarn nur Spott und böse Worte. Das stimmte ihn traurig und mutlos.

(Blanco geht weg)

Seit Wochen lehnte Blancos Hacke unberührt an der Wand. Auch der Korb blieb leer. Man sah keine farbigen Pilze mehr. Und auch Blanco hat man seit dieser Zeit nicht mehr gesehen.

(Kinder – grau gekleidet – kommen mit Eimern, Krügen)

Im Dorf wurde alles ganz anders. Es gab nur noch eins: Wasser schleppen, viel Wasser schleppen. Die wuchernden Graupilze hatten schon längst die letzten farbigen erstickt. Doch die Leute bemerkten dies in ihrem Eifer nicht. Der Erfolg ihrer Arbeit ließ sie alles vergessen. Alle lebten jetzt im Überfluß. Wer wollte, konnte den ganzen Tag von diesen honigsüßen Pilzen essen. Aber eins war sonderbar. Sie wurden nie richtig satt. Ein unbestimmter Hunger nach etwas längst Verlorenem blieb. Doch davon sprach niemand. Die Kinder konnten nicht mehr fröhlich sein.

(Kinder sitzen traurig zwischen den Graupilzen, einige schleppen Wasser)

Ihr Spielplatz wurde ein Raub der Graupilze. Allein und verlassen träumte jedes Kind von einer schöneren Welt. Die Eltern hatten keine Zeit mehr für sie. Unentwegt schleppten sie Wasser und ernteten Pilze. Sie schleppten Wasser und wieder Wasser und ernteten.

(Blanco, in bunter Kleidung, kommt zurück)

Nach vielen Jahren kam wieder ein Fremder ins Dorf. Niemand kannte ihn mehr – den Blanco. Die Kinder freuten sich über die schönen bunten Farben, die er trug. Sie freundeten sich schnell mit ihm an. *(Kinder stellen sich um Blanco)* Blanco erzählt den Kindern spannende Geschichten. Immer wußte er neue Spiele. Blanco kam jetzt öfter ins Dorf.

(Er zeigt einen bunten Pilz) Einmal brachte er einen farbigen Pilz mit. Die Kinder staunten. So etwas kannten sie nicht. Sie hatten geglaubt, daß es nur graue Pilze gäbe. *(Kinder sprechen mit Eltern, diese wehren ab)* Voller Begeisterung wollten die Kinder ihren Eltern von dieser Neuigkeit erzählen. Doch niemand hatte Zeit für solches Kindergeschwätz. *(Kinder versammeln sich wieder um Blanco)* Die Kinder aber ließen sich nicht entmutigen. Sie wollten von Blanco mehr über die bunten Pilze wissen. Sie wollten wissen, ob diese auch bei ihnen wachsen könnten. Nachdenklich schaute Blanco sie an:

BLANCO: Ja, diese Pilze könnten auch bei euch wachsen. Aber sie brauchen viel Pflege und Liebe. Ich glaube, zusammen könnte uns dies gelingen. *(Blanco gibt bunte Tütchen mit Samen)*

ERZÄHLER(IN): Vor Blancos verlassenem Haus begannen sie, die grauen Pilze zu roden. Jetzt konnte die Sonne wieder den Boden wärmen, und die Kinder legten behutsam den neuen Samen in die Erde.

(Kinder säen – bunte Pilze erscheinen) Schon nach wenigen Wochen entstand in der grauen Welt eine bunte Oase. Die Kinder waren überglücklich. Blanco lächelte nachdenklich vor sich hin. Öfter kamen jetzt auch Erwachsene vorbei und wünschten den neuen Samen. Sie wollten mit ihren Kindern zusammen an einer neuen Erde arbeiten.

KIND: Es ist gut, daß wieder Farbe in unser Leben gekommen ist. Wir spüren deutlich, daß wir diese Farben dringend zum Leben brauchen. Nur diese Farben können unseren tiefen Hunger stillen.

ERZÄHLER(IN): Schon bald sah man in Coloris da und dort wieder helle Farben leuchten. Und immer mehr Leute entdeckten, wie schön ihre Welt eigentlich sein könnte.

Musik langsam ausklingen lassen

Lied »Farbe kommt in dein Leben, wo der Meistermaler malt«

Besinnung und Kyrierufe

4. KIND *(mit einem großen bunten Pilz)*: Wir legen neuen Samen in die Erde, den Samen der Güte und Freundlichkeit. Vielleicht leuchtet schon morgen daraus die Farbe der Freude weltweit.
(Pilz in das graue Feld kleben)
Liedruf Kyrie eleison
ERWACHSENER *(mit einem großen bunten Pilz)*: Wir legen neuen Samen in die Erde, den Samen der Freiheit, der Toleranz und der Gerechtigkeit. Vielleicht wachsen daraus schon morgen Recht und Freiheit weltweit. *(Pilz in das graue Feld kleben)* **Liedruf**
JUGENDLICHER *(mit einem großen bunten Pilz)*: Wir legen neuen Samen in die Erde, den Samen von Frieden, Gemeinschaft und Heil. Vielleicht erleben wir schon morgen Frieden, Freundschaft und Heil weltweit. *(Pilz in das graue Feld kleben)* **Liedruf**
5. KIND *(mit einem großen bunten Pilz)*: Wir legen neuen Samen in die Erde, den Samen der Hoffnung auf eine neue Welt. Vielleicht beginnt schon heute eine neue Zukunft weltweit.
(Pilz in das graue Feld kleben) **Liedruf**

Aktion

Alle haben vor dem Gottesdienst einen bunten Pilz bekommen. Wir können jetzt in Stille aufschreiben, was unser Leben bunt macht, was wir säen möchten, damit unsere graue Welt verwandelt wird in einen bunten Garten. Alle, die Farbe in das Leben der Menschen, der Gemeinde und der Welt bringen wollen, können danach in Stille ihren bunten Pilz in das graue Feld kleben. So wird zeichenhaft deutlich, daß wir mit den Kindern Farbe ins Leben bringen und die neue Erde mitgestalten wollen. Die bunten Pilze sollen ein Zeichen der Hoffnung sein für eine neue Welt. Sie sind eine Bitte, gemeinsam nach dem zu suchen, was dem Leben Farbe gibt, damit alle einen neuen Himmel und eine neue Erde erleben.
Lied-Kanon »Der Himmel geht über allen auf«

Gebet

PRIESTER: Gott, du Meistermaler unseres Lebens, du kennst unser Leben, das oft so farblos ist. Du weißt, wieviel Eintönigkeit und Alltagsgrau es da gibt. Darum bitten wir dich, bringe Farbe in unser Leben, Farbe in das Leben unserer Gemeinde. Wir bitten um die Farben des Lebens, damit unser Leben mit dir und den Menschen besser gelingen kann.

1. KIND *(mit einem gelben Pilz)*: Gott, gib uns viel vom Gelb des Lichtes, vom Gelb der strahlenden Sonne, um die Dunkelheiten zu erhellen, die sich in uns, in unserer Gemeinde und Welt breitmachen wollen.

JUGENDLICHER *(mit orangem Pilz)*: Gib uns vom Orange der Wärme gegen alles Unterkühlte in unserem Herzen, gegen Kälte und Hartherzigkeit in dieser Welt.

ÄLTERER MENSCH *(mit grünem Pilz)*: Gott, gib uns vom Grün des Lebens, damit lebendig wird, was welk und tot zu sein scheint, gib uns vom Grün der Hoffnung gegen alles, was lähmt und mutlos macht, damit wir hoffen gegen alle Hoffnung.

2. KIND *(mit rotem Pilz)*: Gib uns vom glühenden Rot deiner Liebe gegen alle Kälte ringsum, durchdringe uns mit dem feurigen Rot deiner Liebe, damit wir feurig leben, andere anstecken und begeistern. Laß alle hier Feuer und Flamme sein für dich und dein Reich.

MUTTER *(mit blauem Pilz)*: Gott, gib uns vom Blau des Himmels und der Erde, vom königlichen Blau des Glaubens und der Treue, um unsere Lebensentscheidungen in Treue zu leben.

3. KIND *(mit violettem Pilz)*: Gib uns vom Violett der Buße für Wege, die zur Umkehr und zum Neuanfang führen.

VATER *(mit schwarzem Pilz)*: Gott, gib uns vom Schwarz der Nacht und vom Schwarz des Todes, damit wir uns einstimmen auf Abschiede, die in unserem Leben immer wieder notwendig sind.

4. KIND *(mit weißem Pilz)*: Gott, gib uns vom Weiß des Unberührten und des Neuen, um offen zu sein für dich und für das, was du mit uns beginnen willst.

5. KIND *(mit braunem Pilz)*: Gott, gib uns vom Braun der Erde, damit wir bodenständig, erdverbunden und ausdauernd sind.

6. KIND *(mit goldenem Pilz):* Gott, gib uns vom leuchtenden Gold der Sterne, vom geläuterten Gold der Erde, vom kostbaren Gold der Ewigkeit und laß uns in allem, was kostbar ist, dich erkennen und verehren.

PRIESTER: Gott, gib uns ein wenig von allen Farben, damit unser Leben bunt und schön wird. Zeige uns und unserer Gemeinde ab und zu einen farbenprächtigen Regenbogen, damit wir wissen: Du bist da! Gott, du Meistermaler, bringe Farbe in unser Leben heute und in Ewigkeit. Amen.

Lesung Off 21,1-7 »Ich sah einen neuen Himmel und eine neue Erde«

Lied-Tanz »Lobet und preiset, ihr Völker, den Herrn«
(möglich, daß kleinere Kinder hier herausgehen und sich bunt anmalen lassen)

Evangelium Lk 19,1-10 Zachäus ändert sein Leben oder
Mt 9, 9-13 / Mk 2, 13-17 / Lk 5, 27-32 »Berufung des Levi«

Ansprache
Kinder haben eine große graue Landschaft in die Kirche gemalt. Sie haben es getan in der Hoffnung, daß wir miteinander die graue Welt verwandeln und Farbe in die Kirche, Farbe in das Leben unserer Gemeinde, Farbe in unser oft so graues Leben, Farbe in die Grauzonen dieser Welt bringen. Wir alle kennen den grauen Alltag und wahrscheinlich auch Menschen, die alles grau in grau sehen. Grau ist das Leben dann, wenn es in immer gleichen Bahnen verläuft, wenn wir im Strom der Masse mitschwimmen und tun, was alle tun, sagen, was alle sagen, tragen, was alle tragen. Wer wagt schon, Akzente für das eigene Leben zu setzen? Wer wagt es, Farbe zu bekennen? Viele Menschen passen sich an, um nicht aufzufallen. Sie nehmen ein farbloses Leben in Kauf, um den Schutz der Masse nicht zu verlieren. Lieber grau in grau leben, als Profil zu zeigen und aufzufallen.

Grau ist unser Leben, wenn es nur aus Arbeit, Essen, Fernsehen und Schlaf besteht. Alle, die dem Fortschritt dienen, dem Wohlstand, dem Geld oder anderen Götzen, müssen sich nicht wundern, wenn ihr Leben oberflächlich, eintönig und grau wird. Grau wird das Leben dann, wenn wir uns von der Angst treiben lassen, etwas zu verpassen, irgendwo nicht mitreden zu können, wenn wir ruhelos den neuesten Informationen, der neuesten Mode nachjagen. Viele lassen sich innerlich versklaven von Werbefachleuten, Meinungsmachern, von Medien, Technik, Genußmittel oder anderen Dingen. Unmerklich wird so ein Leben farblos und grau. Ein graues Leben, ein Leben auf Kosten anderer, selbst »honigsüße Speisen« können unseren tiefsten Hunger nicht stillen. Das haben nicht nur die Menschen in Coloris gespürt. Auch Zachäus, der Oberzöllner, hat schon zur Zeit Jesu empfunden, daß Geld und Reichtum den tiefsten Hunger der Menschen nicht stillen können. Sein Reichtum, sein unrecht erworbenes Geld, macht ihn einsam und hungrig nach dem wahren Sinn des Lebens.

Zachäus bricht auf, um etwas anderes in den Blick zu bekommen. Er will Jesus sehen, von dem er sich Farbe für sein Leben erhofft, neue Akzente, die sein Leben und seinen grauen Alltag verändern. Und Jesus nimmt seinen tiefsten Hunger wahr. Er hilft Zachäus, sich zu befreien von allem, was ihn versklavt. Weil Zachäus sich von Jesus bejaht und angenommen fühlt, kann er ein neues Leben beginnen.

Wenn Jesus in das Blickfeld der Menschen kommt, wenn er und seine göttliche Botschaft für uns wichtig werden, dann finden wir zum Sinn des Lebens, dann entdecken wir, wieviel Farbe in unser Leben kommen kann. Farbe kommt in unser Leben, wenn wir wie Zachäus aufbrechen aus den Grauzonen unseres Lebens, um Jesus zu begegnen, auch dann, wenn wir uns wie Zachäus vor den anderen damit lächerlich machen. Wenn wir uns auf Jesus einlassen und umkehren, uns auf das Eigentliche des Lebens besinnen, dann können wir mit Zachäus und den Menschen in Coloris entdecken, wie die Welt eigentlich sein könnte, bunt, schön, lustvoll, voller Leben. Wenn wir mit den Kindern aus Coloris an eine farbige Zukunft glauben, die grauen Felder bearbeiten und neuen Samen in den Acker unseres Lebens säen, den Samen des Friedens, der Freude, den Samen der Gemeinschaft, der Gerechtigkeit, der Liebe und der Hoffnung, dann tragen wir bei zu einer guten Zukunft der Menschen hier am Ort und in der weiten Welt.

Jesus Christus selbst ist das Samenkorn einer neuen Welt. Er ist der Friede, er ist das Leben, die Liebe, der Weg in eine gute Zukunft. Wer an ihn glaubt und sich auf seine Botschaft einläßt, wird entdecken, wieviel Farbe wieder in das eigene Leben und in das der anderen kommen kann. Gott, der Meistermaler des Lebens, hat herrliche Farben in das Werk seiner Schöpfung gemalt. Er will, daß unser Leben bunt und farbig ist, daß wir uns mit Jesus einsetzen für ein gutes und farbiges Leben aller Menschen. Er malt uns bunte Bilder ins Herz, Bilder von einem neuen Himmel und von einer neuen Erde, wo Menschen füreinander leben und miteinander bunte Feste feiern, um anderen Freude, Gemeinschaft und Glück zu schenken.

Mit unseren bunten Pilzen haben wir zeichenhaft unsere graue Welt verändert. Das Bild stimmt froh, schenkt Hoffnung, daß es uns miteinander gelingen müßte, die grauen Felder in uns und um uns in bunte Gärten zu verwandeln, in farbenfrohe Orte, wo wir miteinander leben und bunte Feste feiern können. Feiern wir heute froh ein buntes und schönes Fest, weil Gott, der Meistermaler, Farbe in unser Leben bringen will, Farbe in unsere Kirche, in unsere Stadt und in unsere graue Welt und Zeit.

Stille

Glaubensbekenntnis
Lied »Ich glaube an einen Gott, der singt«

Fürbitten
PRIESTER: Zu Gott, der die Welt bunt und farbig gestaltet hat, beten wir:
1. KIND: Für alle, die mut- und hoffnungslos sind. Bringe Farbe in ihr Leben und gib uns die Kraft, daß wir in der grauen Welt das tun, was das Leben farbiger und froher macht.
ALLE: Gott, du Meistermaler, bringe Farbe in unser Leben!
2. KIND: Für alle Christen. Bringe Farbe in ihr Leben und hilf ihnen, daß sie sich miteinander einsetzen für eine Welt, in der es gerecht zugeht, wo Menschen miteinander teilen und füreinander sorgen.
A.:

3. KIND: Für alle, die dieses Fest mitfeiern. Bringe Farbe in ihr Leben und hilf ihnen, sich einzusetzen für eine farbige Welt, in der Menschen treu zueinander stehen, Zeit füreinander haben und in Liebe und Frieden miteinander leben. A.:

JUGENDLICHER: Für uns alle. Bringe Farbe in unser Leben und gib uns die Kraft, in unserer Wohlstandsgesellschaft gegen den Strom zu schwimmen und zu verzichten auf das, was unseren tiefsten Hunger doch nicht stillen kann. A.:

ERWACHSENER: Für alle Kinder unserer Gemeinde. Bringe Farbe in ihr Leben. Bringe Farbe in das Leben aller, die mit Kindern umgehen, damit sie sich anstecken lassen von der Freude und Unbefangenheit der Kinder und damit sie den Kindern das geben, was ihren tiefsten Hunger stillt. A.:

JUGENDLICHER: Für alle, die sich einsetzen für die Bewahrung deiner guten Schöpfung, für gesunde Luft, für eine saubere Umwelt, für die Pflege und Erhaltung der Blumen, Bäume und Tiere. Bringe Farbe in ihr Leben. A.:

4. KIND: Für alle alten und kranken Menschen unserer Gemeinde. Bringe durch uns Farbe in ihr oft so eintöniges Leben. A.:

PRIESTER: Ja, Gott, gib uns die Kraft zu tun, was unseren grauen Alltag farbig macht. Hilf uns, miteinander die Zukunft farbig zu gestalten, damit alle einen neuen Himmel und eine neue Erde erleben. Darum bitten wir durch Jesus Christus, deinen Sohn. Amen.

(falls kleine Kinder herausgegangen sind, kommen sie jetzt oder zum Vaterunser wieder herein)

Gabenbereitung
Lied »Wir spinnen, knüpfen, weben«

Gabengebet
Gott, mit einem Stückchen Brot und einem Schluck Wein schenken wir dir unser oft so farbloses Leben. Laß unsere kleinen, unscheinbaren Gaben verwandelt werden in Samenkörner für ein farbiges Leben, für eine neue Zukunft, die Jesus mit uns gestalten möchte heute und an allen Tagen unseres Lebens. Amen.

Zweites Hochgebet für Meßfeiern mit Kindern

Präfation

Es ist gut und richtig, dir, lebendiger Gott, zu danken, weil du unsere Welt bunt und schön gestaltet hast. Wir danken dir, weil du, der Meistermaler, Farbe in unser Leben und in das Leben dieser Gemeinde bringen willst durch Jesus Christus, deinen Sohn. Durch ihn schenkst du uns neues Leben und eine gute Zukunft. Wir danken dir, daß er uns zusammengeführt hat in dieser Gemeinde, damit wir in seinem Sinn miteinander leben und tun, was er getan hat.

Mit allen, die ihm folgen und gefolgt sind, singen wir zu deinem Lob:

Heilig-Lied »Heilig, heilig bist du« (M.: »Ehre, Ehre sei Gott«)

Vaterunser *(singen mit Gebärden)*

Friedensgruß

Friedenslied »Wo Menschen sich vergessen«

Kommunionausteilung *(Instrumentalmusik)*

Danklied-Tanz »Der mich atmen läßt, bist du lebendiger Gott«

Schlußgebet

Gott, wir danken dir für das Brot, das uns stärkt und hoffen läßt auf ein farbiges Leben, auf eine neue Zukunft. Du hast guten Samen in den Acker unseres Lebens hineingesät. Laß Frucht daraus wachsen, die andere sättigt und froh macht. Amen.

Schlußlied

Kanon »Wir feiern ein Fest« *oder* »Kleines Senfkorn Hoffnung«

Neues Leben zulassen

Beginn der Vorbereitungszeit auf die Erstkommunion
oder Osterzeit

Vorzubereiten:
Kinder verteilen am Eingang der Kirche Blumenzwiebeln

Eröffnung
Lied-Kanon »Wo zwei oder drei«

Begrüßung und Einführung
PRIESTER: Herzlich begrüße ich alle, die zu diesem Gottesdienst
gekommen sind, besonders die Erstkommunionkinder des nächsten Jahres mit ihren Eltern, Großeltern und Geschwistern.

Die Blumenzwiebel in unserer Hand erinnert uns daran, daß
in unserem Leben nichts so bleiben kann, wie es ist. Leben muß
sich immer verändern und verwandeln, es muß sich immer
erneuern. Kinder beginnen heute ihre Vorbereitungszeit auf die
erste hl. Kommunion. Damit beginnt für diese Kinder und ihre
Familien, aber auch für unsere ganze Gemeinde etwas Neues. Wir
alle wollen den Kindern helfen, daß das Leben, das Gott ihnen in
der Taufe geschenkt hat, sich entwickeln und entfalten kann. Wie
bei der Taufe, so beginnen wir auch diesen Gottesdienst und die
gemeinsame Vorbereitungszeit: Im Namen des Vaters … Gott,
der uns durch Jesus Christus blühendes Leben schenken will, er
sei jetzt und an allen Tagen mit euch.

Besinnung und Kyrierufe
KATECHETIN: Jesus Christus, du bist gekommen, um uns Leben zu
bringen, Leben in Fülle. Erfülle uns und das Leben dieser Kinder
mit deiner Liebe und mit deiner Kraft.
LIEDRUF *(mit Gebärden)* »Herr, erbarme dich«
1. KIND: Jesus Christus, in der Taufe hast du uns neues Leben
geschenkt, Leben von dir. Bringe es in uns zum Blühen.

Liedruf

2. KIND: Jesus Christus, du bist auferstanden von den Toten. Durch dich wissen wir, daß der Tod uns das Leben nicht nehmen, sondern es nur verwandeln kann. **Liedruf**

Zuspruch

PRIESTER: Jesus Christus, du hast uns hier zusammengerufen, weil du uns liebst. Nimm alles von uns, was uns belastet und bedrückt und schenke uns neues Leben. Amen.

Loblied-Tanz »Laßt uns miteinander«

Gebet

Lebendiger Gott, alles, was lebt, hat seinen Ursprung in dir. Wir danken dir für Jesus Christus, deinen Sohn, durch den du der Welt neues Leben und eine blühende Zukunft geschenkt hast. Laß durch ihn zur Entfaltung kommen, was in uns steckt. Darum bitten wir durch ihn, Jesus Christus, der mit dir und dem Hl. Geist lebt und wirkt, heute und in Ewigkeit. Amen.

Gespräch mit einer Blumenzwiebel

ERZÄHLER(IN): In einem Lagerschuppen lag eine zufriedene Blumenzwiebel. Eines Tages nahm der Gärtner sie in seine Hand und sagte:

GÄRTNER: Es ist an der Zeit, daß du lebendig wirst und entfaltest, was in dir steckt. Darum werde ich dich jetzt einpflanzen.

ZWIEBEL: Laß mich in Ruhe! Mir geht es hier im Schuppen gut. Ich möchte nicht in den Dreck, in die dunkle Erde gesteckt werden.

GÄRTNER: In dieser sauberen und gewohnten Umgebung kannst du nicht entdecken, was alles in dir steckt. Du mußt dich verändern und in der dunklen und feuchten Erde das wirkliche Leben kennenlernen.

ZWIEBEL: Ich möchte mich nicht verändern! Jetzt weiß ich, was ich habe. Was soll denn aus mir werden?

GÄRTNER: Du sollst entdecken, was in dir steckt. Nur wenn du dich auf Veränderungen einläßt und aus dir herausgehst, wirst du das blühende Leben kennenlernen.

ZwiEBEL: Und was geschieht, wenn ich so bleiben will, wie ich jetzt bin?

GÄRTNER: Dann wirst du eine vertrocknete, leblose Ziebel, dann wirst du das kostbare Leben, das in dir steckt, nie kennenlernen. Du mußt es wagen, dein Leben zu leben, sonst bleibt alle Lebenskraft in dir gefangen. Hab Vertrauen! Laß das neue Leben zu, das in dir keimen und aufbrechen möchte.

ZwiEBEL: Aber wenn du mich eingräbst, dann sterbe ich in der dunklen Erde.

GÄRTNER: Was heißt schon sterben? In der Angst um dein Leben siehst du nur die eine Seite. Du stirbst nicht. Du wirst verwandelt. Je mehr du deine alte Gestalt aufgibst, desto mehr erwachst du zum neuen Leben und wirst die, die du wirklich bist.

ZwiEBEL: Werde die, die du wirklich bist. Was heißt das? Ich bin doch eine wirkliche Zwiebel, eine einmalige Blumenzwiebel!

GÄRTNER: Leben, das bedeutet: sich verändern, sich entfalten, wachsen und reifen. Die Gestalt, die du jetzt hast, ist noch nicht alles. In dir steckt noch viel mehr. Tief in dir verborgen schlafen Kräfte, die zum Leben erweckt werden wollen. Du wirst nur dann eine blühende Zukunft haben, wenn du dich jetzt auf ein neues Leben einläßt.

ZwiEBEL: Warum willst du mich dafür in die dunkle Erde stecken? Kann das Licht der Sonne meine Lebenskraft nicht wecken?

GÄRTNER: Niemand kann nur in der Sonne leben. Die Dunkelheit ist für dein Leben wichtig. Wer sich die dunklen Stunden ersparen will, wer nichts hergibt, auf nichts verzichten will, kommt nicht zum Leben. Manches, was heute unbequem ist, wehtut und als Unglück erscheint, kann morgen dein Glück sein. Wer ein gutes und erfülltes Leben finden will, der muß etwas aufgeben, loslassen und Neues wagen.

ZwiEBEL: Kann ich denn nur in dunklen Stunden entfalten, was in mir steckt?

GÄRTNER: Zu deinem Leben gehören die hellen und die dunklen Stunden, Tage und Nächte. Nur wenn du beides durchlebst, kannst du den ganzen Reichtum entfalten, der in dir steckt. Wachsen und sich entfalten, das ist nicht immer leicht und bequem. Widerstände und Hindernisse fordern und fördern unsere Lebenskraft, die wir zu unserer Entfaltung brauchen.

ERZÄHLER(IN): Nachdem der Gärtner das gesagt hatte, grub er ein Loch und pflanzte die Zwiebel ein. Kurze Zeit sah sie noch einen Lichtpunkt über sich, dann aber wurde es ganz finster. Die lange und beschwerliche Zeit des Wachsens begann. In ihrer ausweglosen Lage jammerte die Zwiebel:

ZWIEBEL: Jetzt ist es bald zu Ende mit mir. Es hätte so schön sein können, aber nun vergeht mein Leben in der dunklen Erde.

ERZÄHLER(IN): Die Zwiebel verwandelte sich. Sie wurde ganz runzelig. Aber sie bemerkte auch:

ZWIEBEL: Ganz tief in mir regt und bewegt sich etwas. Ich spüre neues Leben in mir, Leben, das wachsen und sich entfalten will.

ERZÄHLER(IN): Nach langen düsteren Tagen durchfuhr sie ein heftiger Schmerz. Es war, als ob eine Lanze ihr Herz durchbohrt hätte. Diese Wunde wurde zur Tür in ein neues Leben. Der erste Trieb hatte die Zwiebelschale und den Erdboden durchdrungen. An die Stelle abgrundtiefer Finsternis trat jetzt taghelles, wärmendes Licht. Das neue Leben war aufregend und schön.

ZWIEBEL: Jetzt kann ich wachsen und mich entfalten. Das, was ganz tief in meiner Mitte geschlummert hat, kommt jetzt heraus. Jetzt verstehe ich, was der Gärtner meinte: Leben bedeutet wachsen, sich verändern, sich verwandeln.

GÄRTNER: Weil du deine alten Schalen durchbrochen hast, kann dein eigentliches Leben zum Vorschein kommen. Wachsen meint: wesentlich werden, das wirkliche Wesen zur Entfaltung bringen.

ERZÄHLER(IN): Sanft streichelten die Sonnenstrahlen den hellgrünen Trieb, der sich wohlig räkelte und unter den Zärtlichkeiten der Sonne wuchs. Die Sonne lockte den Trieb einfühlsam nach oben. Mit der Zeit bildeten sich am Schaft des Triebes kleine Verdickungen. Knospen wurden sichtbar.

GÄRTNER: Noch lebst du nur für dich und verwendest deine ganze Kraft auf die Entfaltung deines Wesens. Wenn du deine Blütenblätter behutsam entfaltest und dich öffnest für das Lächeln der Sonne, für Schmetterlinge, Wind und Regen, dann kann durch dich neues Leben wachsen. Wenn du dich entfaltet hast, dann bringst du Farbe, Duft und Freude in das Leben anderer Wesen. Da, wo du blühst, wird es lebendiger und bunter in dieser Welt.

ZWIEBEL: Ich spüre Kräfte in mir, die zur Entfaltung drängen. Wenn ich meine Knospe sprenge und zu blühen beginne, dann wird deutlich, wie schön und einmalig ich bin.

GÄRTNER: Und wenn du so weit in den Himmel hinein gewachsen bist, wie du in der tiefen Erde verwurzelt bist, dann wirst du dich ausdehnen und als Blüte zum neuen Leben erwachen. Es ist nicht leicht, die Knospe aufzubrechen, die dich beschützt. Aber wenn du zum blühenden Leben gekommen bist, dann wirst du *alle* Schmerzen des Wachsens und Werdens vergessen.

ERZÄHLER(IN): Langsam und behutsam entfaltete die Blume ihre zarten, bunten Blütenblätter. Sie ließ sich vom Licht und von der Wärme durchströmen bis in die letzten Fasern. Ein unbekanntes Glücksgefühl durchzitterte sie, und sie empfand sich zum ersten Mal ganz frei. Sie fühlte sich so leicht wie das Licht und so schwer wie die Erde. Und sie spürte, daß Himmel und Erde, Licht und Dunkelheit als eine große Wirklichkeit zusammengehören.

ZWIEBEL: Himmel und Erde leben in mir. Himmel und Erde sind auf einmalige Weise in mir zur Entfaltung und zur Blüte gekommen. Es ist wunderbar, wenn sich alles entfaltet, was verborgen in uns ist. Erst dann, wenn wir so über uns selbst hinauswachsen, leben wir wirklich.

Stille

Lied »Alle Knospen springen auf«

Evangelium Joh 21,1-14 Der Auferstandene am See Tiberias – oder Mk 16, 1-8a » Die Botschaft des Engels im leeren Grab« – oder Joh 15, 1-8 Der wahre Weinstock

Überleitung

Tot ist tot. Mit dem Tod ist alles aus und vorbei! Grab und Grabstein besiegeln den Tod, so dachten die Freundinnen und Freunde Jesu, so denken viele Menschen und Christen heute. Ostern haben sie und auch wir erfahren, daß der Tod nicht das Ende ist, sondern der Anfang des neuen Lebens. »Das Leben wird uns im Tod nicht genommen, sondern nur verwandelt.«

Ostern kann nicht heißen: Es gibt ein Leben nach dem Tod. Das klingt wie eine Vertröstung. Ostern heißt glauben, daß im Tod das Leben liegt. Das Leben hier wandelt sich und beginnt ganz neu..

Ostern ist immer dann, wenn Totes zu neuem Leben erweckt wird, wenn Menschen herauskommen aus den Gräbern ihrer Angst und Hoffnungslosigkeit, aus dem Schlaf der Sicherheit und der Bequemlichkeit, aus den Leichentüchern ihrer lähmenden Vorurteile und Gewohnheiten...

Ostern ist immer dann, wenn Menschen neue Hoffnung schöpfen, neu zu leben und zu lieben beginnen, anfangen, zu entfalten, was in ihnen steckt.

Heute könnte Ostern für uns sein, weil jeder Sonntag ein kleines Osterfest ist. Heute könnte Ostern sein, denn Gott schenkt uns einen neuen Anfang, eine neue Chance, aus unserem Leben etwas Gutes und Schönes zu machen.

Durch Jesus will Gott uns ein erfülltes und frohes Leben, eine blühende Zukunft schenken. Lassen wir uns auf das neue Leben, auf den neuen Anfang ein, auch wenn es zunächst unbequem ist und wir etwas zu verlieren fürchten (z.B: Zeit, Ruhe, Gewohnheiten...).

Nur wer verzichten und loslassen kann, wer neues Leben zuläßt, kann sich verändern und verwandeln, ein erfülltes Leben und eine blühende Zukunft haben.

Glaubensbekenntnis

Lied »Ich glaube, Herr, daß du es bist, durch den wir sind und leben«

Fürbitten

PRIESTER: Alles, was lebt, hat seinen Ursprung in Gott. Ihn, den lebendigen Gott, bitten wir:

MUTTER: Für alle Kinder, die heute ihre Vorbereitungszeit auf die Erstkommunion beginnen. Wecke in ihnen Freude und Lust, sich auf das neue Leben einzulassen.

LIEDRUF »Segne sie alle, Gott!«

KATECHETIN: Für alle Eltern, die heute mit den Kindern einen neuen Anfang wagen in der Beziehung zu dir und zueinander. Öffne ihre Herzen und Sinne für deine Nähe und Liebe. Laß sie bewußt Verantwortung übernehmen für das Leben, das du ihren Kindern in der Taufe geschenkt hast. **Liedruf**

Jᴜɢᴇɴᴅʟɪᴄʜᴇʀ: Für unsere Gemeinde. Laß alle an das Gute in sich und in den anderen glauben und hilf, daß sie zur Entfaltung bringen, was in ihnen steckt. **Liedruf**

Vᴀᴛᴇʀ: Für alle Christinnen und Christen, die ihre Lebendigkeit verloren haben und für alle, die aus Angst und Bequemlichkeit am Alten festhalten. Erwecke sie zum neuen Leben und hilf ihnen, Verantwortung für sich und andere zu übernehmen. **Liedruf**

Aʟᴛᴇʀ Mᴇɴsᴄʜ: Für alle Mitglieder unserer Gemeinde, die durch den Tod von uns gegangen sind und für alle, die um einen lieben Menschen trauern, der von ihnen gegangen ist. Schenke allen Trost, Hoffnung und neues Leben. **Liedruf**

Pʀɪᴇsᴛᴇʀ: Ja, Gott, segne uns und alle, die uns heute begegnen. Segne uns auf unserem Weg in die Zukunft. Darum bitten wir durch Jesus Christus, der von den Toten auferstanden ist und jetzt in unserer Mitte lebt. Amen.

Gabenbereitung
Lied »Wenn das Brot, das wir teilen«

Gabengebet
Mit Brot und Wein bringen wir uns selbst, lebendiger Gott. Wie das Brot aus dem Tod vieler Körner und der Wein aus dem Tod vieler Trauben entstanden ist, so laß auch uns zu einem neuen Leben mit dir auferstehen. Verwandle uns mit diesen Gaben und laß uns durch sie gestärkt dem blühenden Leben entgegengehen, das du uns schenken willst, heute und in Ewigkeit. Amen.

Präfation
Es ist gut und wichtig, dir, lebendiger Gott, zu danken für das einmalige und kostbare Leben, das du uns geschenkt hast. Wir danken dir für Jesus Christus, der uns durch sein Leben, Sterben und Auferstehen einen Weg zum wahren Leben gezeigt hat. Wir danken dir für seine große Liebe, die alle Dunkelheit in Licht und den Tod in neues Leben verwandelt hat.

Er hat Kinder in seine Arme genommen und sie gesegnet. Er hat Kranke geheilt, Sündern vergeben und Tote zu neuem Leben erweckt. Seinetwegen hoffen wir auf neues Leben.

Mit allen, die durch ihn ein erfülltes Leben im Himmel und auf Erden gefunden haben, loben wir dich und singen voll Freude: Lied-Tanz »Heilig bist du Ursprung der Welt« (Hufeisen)

Drittes Hochgebet für Meßfeiern mit Kindern

Vater unser *(singen mit Gebärden)*

Friedensgruß
Lied »Hände, die schenken«

Kommunionausteilung *(Instrumental- oder Orgelspiel)*

Nach der Kommunion
KIND: Könnte es sein, daß in mir und in Dir Kräfte liegen, die noch nicht geweckt sind?

ERWACHSENER: Könnte es sein, daß in mir und in Dir Fantasien und Fähigkeiten schlummern, die noch nicht wirksam sind?

KIND: Könnte es sein, daß in mir und in Dir Möglichkeiten schlafen, die das Leben entfalten wollen?

ERWACHSENER: Könnte es sein, daß in meiner und in Deiner Tiefe alles ist, was unserem Leben Sinn gibt, was unser Leben zum Blühen bringt?

KIND: Fehlen Dir und mir Mut und Kraft, nach innen zu sehen und freizulegen, was uns als Möglichkeit geschenkt ist?

ERWACHSENER: Gott, laß uns die Kräfte und Möglichkeiten entdecken und zur Entfaltung bringen, die du uns geschenkt hast.

Danklied »Ja, freuet euch im Herrn«

Schlußgebet
Lebendiger Gott, wir danken dir, daß wir hier miteinander den Tod und die Auferstehung deines Sohnes feiern durften und durch ihn erfahren haben, daß im Tod das Leben zu finden ist. Durch dich ver-

wandelt und gestärkt gehen wir in unseren Alltag zurück. Laß uns neue, österliche Menschen sein, Menschen der Freude und der Hoffnung, Menschen, die glauben, daß sie kostbar, einmalig und von dir geliebt sind. Laß uns als neue Menschen leben und entfalten, was in uns steckt. Darum bitten wir durch Jesus Christus, der gekommen ist, um uns Leben zu bringen, Leben in Fülle (Joh 10,10). Amen.

Segen

Entlassung

Pflanzt eure Blumenzwiebel zu Hause ein und pflegt sie gut. Beobachtet, wie sie sich langsam verändert bis sie sich verwandelt in eine blühende Blume. Vielleicht erlebt ihr auch, wie ihr euch in der Vorbereitungszeit langsam verändert und zu hoffnungsvollen und leuchtenden Blüten am Baum unserer Gemeinde werdet.

»Goldene Federn« verschenken

Kirchweih- oder Gemeindefest

Vorzubereiten

Von Kindern Bilder/Folien malen lassen zur Geschichte von »Tico und die goldenen Flügel«, kleine schwarze Vögel mit einer goldenen Feder basteln für alle, große goldene Federn für alle Kinder, die einziehen und mitspielen.

Großer Einzug

Lied-Tanz »Nimm dir Zeit zum Danken, nimm dir Zeit zum Feiern« *(Kinder – geschmückt mit großen goldenen Federn – ziehen im Pilgerschritt mit ein die Kirche ein).*

Begrüßung und Einführung

PRIESTER: Ja, wir nehmen uns jetzt Zeit zum Danken und zum Feiern. Wir feiern unser Kirchweihfest. Wir danken Gott, daß wir als Gemeinde zusammengehören und miteinander auf dem Weg des Lebens und des Glaubens sind, auf dem Weg, den Jesus Christus uns vorausgegangen ist.

Herzlich begrüße ich alle, die zu unserem Fest gekommen sind, das wir beginnen: Im Namen des Vaters ... Gott, von dem Liebe, Friede, Freude und aller Glanz kommt, er sei allezeit mit euch.

Es ist ganz im Sinne Gottes, wenn wir heute miteinander ein frohes Fest feiern, ein Fest, wo jede und jeder sich mit den je eigenen Gaben und Fähigkeiten einbringen kann, um andere froh und glücklich zu machen.

Lied »Wir feiern ein Fest«

1. KIND: Wir alle haben viele Wünsche. Ich wünsche mir, daß ich angenommen werde, so wie ich bin, daß ich geliebt und verstanden werde. Ich wünsche mir, daß ich gesund bleibe, viel Freude erlebe und immer gute Freundinnen und Freunde habe. – Und was wünschst Du Dir? –

2. KIND: Wir alle haben viele Wünsche. Ich wünsche mir, daß wir uns in unserer Familie immer gut verstehen, Zeit füreinander haben, gern miteinander spielen und frohe Feste feiern.

Ich wünsche mir, daß alle in der Familie gesund bleiben und Vater seinen Arbeitsplatz behält. – Und was wünscht Du Dir für Deine Familie? –

ERWACHSENER: Ich wünsche mir ein gutes Miteinander in unserer Gemeinde und viele frohe Feste. Ich wünsche mir, daß wir Kraft schöpfen aus unserem gemeinsamen Glauben und daß wir uns offen und herzlich begegnen, füreinander da sind und Freude und Leid miteinander teilen. Ich wünsche mir, daß sich alle mit den je eigenen Gaben und Fähigkeiten einbringen und »Leben in Fülle« finden. – Was wünscht ihr euch für unsere Gemeinde?

Lied »Wir feiern ein Fest«

Gebet

Liebender Gott, du kennst uns und unsere kleinen und großen Wünsche. Du weißt um unsere Träume und Hoffnungen. Du allein kannst sie erfüllen. Vergib, wenn wir oft übersehen, was du uns schon geschenkt hast. Wir danken dir, daß wir sehen, hören und sprechen können, daß wir gesund sind und viele Fähigkeiten haben. Hilf uns, die Not der anderen zu sehen und mache uns bereit, ihnen zu helfen. Darum bitten wir durch Jesus Christus, der mit dir und dem Heiligen Geist lebt und uns liebt heute und in Ewigkeit. Amen.

Loblied-Tanz »Ehre Gott in der Höhe«

Geschichte von Tico – mit den goldenen Flügeln
(*wenn möglich, die Geschichte mit instrumentaler Musik untermalen*)

1. Bild/Folie:

ERZÄHLER(IN):Vor vielen Jahren lebte ein kleiner Vogel, der Tico hieß. Er sang und erzählte gerne von Blumen und Pflanzen, von hohen Bäumen und dunklen Wäldern, von Bergen und Tälern, von Wolken und Seen. Eines Tages erzählte mir Tico seine Geschichte:

Tɪᴄᴏ: Ich weiß nicht, wie es kam. Aber als ich jung war, hatte ich keine Flügel. Ich sang wie die anderen Vögel, ich hüpfte herum wie sie, aber ich konnte nicht fliegen.

Zum Glück hatte ich Eltern, Geschwister und gute Freunde, die mich liebten und für mich sorgten. Sie flogen von Baum zu Baum und brachten mir abends süße Beeren und zarte Früchte von den höchsten Ästen, sie brachten mir, was ich brauchte, um leben zu können. Warum kann ich nicht fliegen wie die anderen Vögel, fragte ich oft. Warum kann ich nicht wie sie in den weiten Himmel aufsteigen und über Dörfer und Baumwipfel fliegen? Und ich träumte von goldenen Flügeln, die stark genug waren, um mich fortzutragen bis über die schneebedeckten Berge.

2. Folie:

Tɪᴄᴏ: Eines Nachts, als ich mit den anderen schlief, weckte mich ein ungewohntes Geräusch in meiner Nähe. Ein seltsamer Vogel war zu mir auf den Ast geflogen. Er schimmerte so licht wie kostbare Perlen.

Wᴜɴsᴄʜᴠᴏɢᴇʟ: Ich bin der Wunschvogel. Du hast einen Wunsch frei. Was du dir wünschst, wird in Erfüllung gehen.

Tɪᴄᴏ: Aufgeregt dachte ich an meine Träume, und ich wünschte mir mit aller Kraft goldene Flügel. Da sah ich plötzlich, wie es leuchtete und funkelte. Auf meinem Rücken waren Flügel, goldene Flügel, so wie ich sie mir gewünscht hatte. Im Mondlicht schimmerten sie wunderschön. Bevor ich etwas sagen konnte, war der Wunschvogel nicht mehr da.

3. Folie:

Tɪᴄᴏ: Vorsichtig bewegte ich meine goldenen Flügel. Dann wagte ich es, vorsichtig zu fliegen. Ein wunderschönes Gefühl war das. Ich flog höher als der höchste Baum. Die Blumenbeete unter mir sahen aus wie Briefmarken, die bunt über das Land gestreut waren. In den Wiesen lag der Fluß wie ein silbernes Band. Ich war glücklich und flog weit hinein in den Tag. Aber als ich wieder aus der Höhe herabstieß, sahen meine Freunde mich finster an und sagten:

FREUNDE: Du bildest dir wohl ein, daß du besser bist mit deinen goldenen Flügeln! Warum willst du anders sein als wir?

TICO: Und weg waren sie, ohne weiter mit mir zu sprechen.

4. Folie:

TICO: Warum sind sie weggeflogen? Warum ärgern sie sich über mich und meine goldenen Flügel? Ich war jetzt anders als sie, aber doch nicht besser. Es ist doch kein Unrecht, anders zu sein? Ich konnte fliegen so hoch wie der Adler, ich hatte die herrlichsten Flügel der Welt. Das war schön. Aber alle, mit denen ich sonst zusammen war, hatten mich verlassen, und nun war ich immer allein. Das machte mich traurig.

5. Folie:

Eines Tages sah ich einen arbeitslosen Mann, der traurig in seinem Garten saß. Tränen waren in seinen Augen. Ich flog auf einen Baum, der in der Nähe stand, um mit ihm zu sprechen.

»Warum bist du so traurig?« fragte ich ihn.

MANN: Ach, du kleiner Vogel, ich habe großen Kummer. Mein Kind ist krank, und ich bin arm. Ich kann die Medizin nicht kaufen, die das Kind brauchte, um gesund zu werden.

TICO: Ich dachte nach, wie ich ihm helfen könnte. Und plötzlich wußte ich es: Ich will ihm eine Feder schenken, eine von meinen goldenen Federn.

MANN: Kleiner Vogel, wie kann ich dir danken? Du hast mich glücklich gemacht und meinem Kind das Leben gerettet. Aber schau, deine Flügel!

TICO: Statt der goldenen Feder hatte ich jetzt eine richtige Feder, schwarz und weich wie Seide. Von diesem Tag an verschenkte ich meine goldenen Federn, eine nach der anderen. Wenn ich eine goldene Feder verschenkte, erschien an ihrer Stelle immer eine schwarze Feder.

Voller Freude verschenkte ich meine goldenen Federn.

Ein Puppenspieler konnte sich dafür drei Marionetten kaufen.

6. Folie:

Eine alte Frau konnte sich dafür Wolle kaufen, um sich einen warmen Schal zu stricken.

Ein Fischer, der sich auf dem Meer verirrt hatte, konnte sich vom Erlös meiner goldenen Feder einen Kompaß kaufen.

Und als ich meine letzte goldene Feder einer sehr schönen aber armen Braut gebracht hatte, waren meine Flügel so schwarz wie chinesische Tusche.

7. Folie:

Ich flog zu dem großen Baum, wo meine Freundinnen und Freunde sich zur Nacht niedergelassen hatten. Würden sie mich jetzt begrüßen? Sie zwitscherten vor Freude:

VÖGEL: Jetzt bist du wie wir!

TICO: Wir drängten uns eng aneinander. Endlich hatte ich die Gemeinschaft gefunden, die ich mir schon so lange gewünscht hatte. Ich war so glücklich und aufgeregt, daß ich nicht schlafen konnte. Meine Gedanken waren immer wieder bei dem Kind des armen Mannes, bei der alten Frau, bei dem Puppenspieler und bei allen, denen ich mit meinen goldenen Federn geholfen hatte. Nun sind meine Flügel schwarz, dachte ich, und doch bin ich anders als meine Freunde. Wir unterscheiden uns alle voneinander. Jeder Vogel hat seine eigenen Erinnerungen und seine eigenen unsichtbaren goldenen Träume.

(nach: Leo Lionni, »Tico und die goldenen Flügel«, Middelhauve-Verlag)

PANTOMIME *(mit entsprechender Instrumentalmusik untermalen)*
Alle Kinder sitzen im Kreis in der Hocke, Tico mit seinen goldenen Federn in der Mitte.
Tico steht langsam auf, fliegt aus dem Kreis hinaus und kehrt wieder zurück.
Alle stehen auf, bewegen ihre Flügel und drehen sich um sich selbst.
Tico bewundert sein Federkleid, die anderen wenden sich ab.
Traurig fliegt Tico langsam um den Kreis herum. Er möchte so gerne dazugehören. – Tico verschenkt eine goldene Feder – sie wird im Kreis der Vögel bewundert und weitergegeben.

Kinder finden sich zu zweit zusammen und drehen sich im Kreis mit
der goldenen Feder.
Tico verschenkt alle seine goldenen Federn.
Alle fliegen durch die Gänge und verschenken kleine selbstgebastelte
Vögel – alle fliegen zurück in den Kreis, Tico gehört jetzt dazu – alle
freuen sich und tanzen

Goldene Federn« verschenken

1. KIND: Wie Tico, so haben auch wir die Hilfe und Sorge unserer Eltern, Geschwister und Freunde erfahren.

2. KIND: Wie Tico, so haben auch wir unsere Wünsche und Träume.

3. KIND: Wie Tico, so haben auch wir unsere goldenen Federn, etwas, was uns von den anderen unterscheidet.

4. KIND: Wie Tico, so möchte ich die Not vieler Menschen sehen und bereit sein, meine »goldenen Federn« zu lassen, um ihnen zu helfen.

5. KIND: Wie Tico möchte ich um den Wert meiner goldenen Federn wissen und dafür dankbar sein.

6. KIND: Tico verschenkt das, was er sich selbst so sehnsüchtig gewünscht hat. Mir fällt das noch sehr schwer: Vielleicht kann ich es von Tico lernen.

7. KIND: Tico erfährt, wer abgibt, der wird beschenkt.

8. KIND: Wie Tico, so können auch wir unsere goldenen Federn verschenken, unsere Kraft und unsere Zeit, unsere Fähigkeiten und unser Geld, um anderen ein besseres Leben zu schenken.

(Acht Kinder mit großen goldenen Federn)

1. KIND: Ich verschenke meine goldene Feder an ein Kind, das immer abseits stehen muß.

2. KIND: Ich schenke meine goldene Feder einem Familienvater, der traurig ist, weil er seinen Arbeitsplatz verloren hat.

3. KIND: Ich schenke meine goldene Feder einem kranken Kind, das ganz auf fremde Hilfe angewiesen ist.

4. KIND: Ich schenke meine goldene Feder einem alten Menschen, der sich allein gelassen fühlt.

5. KIND: Ich schenke meine goldene Feder einer Mutter, die sich überlastet fühlt.

6. KIND: Ich schenke meine goldene Feder einer Familien, in der es kein Miteinander mehr gibt.

7. KIND: Ich schenke meine goldene Feder der Kirche, in der es so viel zu verändern gibt.

8. KIND: Ich schenke meine goldene Feder einer jungen Familie, die sich mit ganzer Kraft dafür einsetzt, die Schöpfung zu bewahren und zu pflegen.

1. KIND: Wem schenkt Ihr Eure goldenen Federn?

Lied – Tanz »Weißt du, wo der Himmel ist«

Ansprache – Überleitung zum Evangelium

Wir alle tragen den kleinen Vogel Tico auf dem Herzen oder in unseren Händen. Diese kleinen Vögel, die von Frauen aus der Gemeinde liebevoll hergestellt wurden, wollen uns an Tico und seine Geschichte erinnern. Wie Tico, so haben auch wir alle unsere Wünsche und Träume. Was würden wir uns wünschen, wenn der Wunschvogel zu uns käme? – Würden wir uns goldenen Reichtum, Schmuck, ein glänzendes Aussehen, Ansehen, eine glanzvolle Karriere wünschen?

Es gibt Eltern, die wünschen sich »goldige« Kinder, »Goldstücke«, auf die sie stolz sein können. –

Kinder wünschen sich, zu glänzen wie Gold. Sie möchten, daß alle auf sie achten und aufmerksam werden. Sie möchten glänzen, durch das, was sie haben oder können, durch gute Noten, durch glanzvolle Leistungen oder durch ihre Macht und Überlegenheit.

Tico mit seinen Wünschen und Träumen lebt in uns: wir möchten mehr haben als andere, besser sein als andere, höher hinaus kommen als andere usw.

Wie Tico so haben wir unsere goldenen Federn. Wir alle haben und können etwas, was uns von anderen Menschen unterscheidet. Unsere goldenen Federn, das, womit wir glänzen, heißen vielleicht: gut singen, musizieren, malen, laufen, spielen, lernen, helfen können. … Für Erwachsene heißen sie vielleicht: Geld, Ansehen, Schmuck, Schönheit, Wissen, Einfluß, Zeit, Auto, Häuser, eine glanzvolle Karriere, Macht, Überlegenheit, einen herausgehobenen Posten in Wirtschaft, Politik oder Kirche.

Womit wir auch glänzen, gut wäre es, wenn wir wie Tico unsere goldenen Federn einsetzen würden, um anderen zu helfen.

Acht Kinder haben uns Beispiele genannt, wo sie ihre goldenen Federn sinnvoll einsetzen wollen, um anderen zu helfen.

Wir könnten heute unser Kirchweihfest nicht feiern, wenn nicht viele von uns breit wären, ihre goldenen Federn zum Wohl unserer Gemeinde einzusetzen. Da gibt es die Musikgruppe, Männer und Frauen, die bereit sind, ihre Zeit und ihre musikalische Begabung in die Gottesdienste einzubringen, da gibt es Männer und Frauen im Kirchenvorstand und im PGR, die Zeit und Kraft investieren, damit unsere Gemeinde lebendig bleibt und Feste feiern kann, da gibt es solche, die den Festsaal herrichten oder auf vielfache Weise dazu beitragen, daß das Fest gelingen kann. Da gibt es Frauen und Kinder, die die Gottesdienste vorbereiten, Meßdienerinnen, Meßdiener und Priester, Lektoren und Lektorinnen, Kommunionhelfer und Busfahrer, Männer und Frauen in der Caritasarbeit, in der Gestaltung und Weitergabe des Gemeindebriefes, in der Firmvorbereitung usw.

Es ist gut, daß so viele ihre goldenen Federn – ihre Zeit, ihre Fähigkeiten, ihre Kraft – zum Wohl unserer Gemeinde verschenken. Wo wir beitragen zum Wohl und zur Freude anderer, da handeln wir im Sinne Jesu, der uns durch sein Wort und Leben sagt, daß nur die Menschen glücklich werden, die ihren Reichtum verschenken. Alle, die arm werden, um anderen das zu geben, was sie brauchen, die hungern, um andere zu sättigen, die auf Anerkennung verzichten und andere loben, die ausgelacht werden, weil sie so verrückt sind und sich für andere einsetzen, die werden von Gott reich belohnt. Wer aber alles für sich festhält, alles von anderen erwartet, fragt: Was habe ich davon? – der wird am Ende leer ausgehen, sagt das heutige Evangelium.

Der kleine Tico will uns an unsere Gaben und Fähigkeiten erinnern, an unsere goldenen Federn. Er will uns Mut machen, sie zu verschenken, damit andere glücklich werden. Er kann uns auch an Jesus erinnern, der in seiner Liebe sein Leben für uns eingesetzt hat, der sich in jeder Eucharistiefeier an uns verschenkt, damit wir durch ihn sinnvoll und glücklich leben. Wer sich von Jesus beschenken läßt, wird sich gedrängt fühlen, auch andere zu beschenken durch Wort und Tat, damit sie glücklich werden.

Thomas hat gefragt: Wem schenkt ihr eure goldene Feder? –
Wem schenken wir sie? – Wir haben heute am Kirchweihfest viele
Möglichkeiten, einander zu beschenken und froh zu machen. Wenn
sich alle einbringen mit ihren Gaben und Fähigkeiten, dann wird das
Fest gelingen, dann wird das Miteinander in unserer Gemeinde gut
sein, dann werden andere vielleicht von uns sagen, was man von den
ersten Christen sagte: »Seht, wie sie einander lieben!«

Evangelium Lk 6, 17. 20 – 26 Selig, ihr Armen

Stille
Lied »Den Weg wollen wir gehen«

Fürbitten
PRIESTER: Jesus Christus hat sein Leben an uns verschenkt, damit wir
durch ihn leben können. Ihn bitten wir:
VATER: Für alle, die durch ihren Reichtum gute Freunde verloren
haben und einsam geworden sind. Gib ihnen die Kraft, ihren
Reichtum zu verteilen, um andere froh und glücklich zu machen.
PRIESTER: Christus, höre uns! – ALLE: Christus, erhöre uns!
1. KIND: Wir bitten für alle Menschen, die krank und behindert sind.
Mache uns bereit, ihnen zu helfen und für sie zu sorgen, wo
immer es möglich ist. PR./A.:
2. KIND: Für alle, die arm sind und Hunger haben. Öffne unsere
Augen, damit wir ihre Not erkennen. Öffne uns Herz und Hände,
damit wir mit ihnen teilen. PR./A.:
3. KIND: Wir bitten für uns selbst, damit wir den Wert unserer »goldenen Federn« erkennen und bereit sind, sie abzugeben, damit
andere leben können. PR./A.:
4. KIND: Für die Toten unsere Gemeinde. Laß alle durch deine Liebe
ewig leben. PR./A.:
PRIESTER: Gott, laß uns nicht krampfhaft festhalten, was du uns
gegeben hast. Laß uns dem Beispiel Jesu folgen und alles einsetzen, damit andere durch uns leben können und erfahren, wie gut
du bist. Amen.

Gabenbereitung
Lied »Hände, die schenken« *oder* »Wir spinnen, knüpfen, weben«

Gabengebet
Lebendiger Gott, nimm mit Brot und Wein uns selbst an und verwandle uns in liebende Menschen, die leben und handeln wie Jesus, dein Sohn, es getan hat. Laß uns helfen, teilen und Freude schenken, damit viele Menschen glücklich werden. Darum bitten wir durch Jesus Christus, den besten aller Menschen. Amen.

Zweites Hochgebet für Meßfeiern mit Kindern
Präfation
Es ist gut und richtig, dir, Gott, immer und überall zu danken für Jesus Christus, deinen Sohn. Durch ihn hast du uns reich beschenkt. Seinetwegen sind wir zusammengekommen, um als Gemeinde dir zu danken. Er ist für uns zum Weg und zum Ziel geworden. Er führt uns ins wahre und ewige Leben. Mit allen, die ihm gefolgt sind und aus seiner Liebe leben im Himmel und auf Erden singen wir zu deinem Lob:
Lied »Heilig, heilig bist du« *(mit Gebärden, M.: »Ehre, Ehre sei Gott«)*

Vaterunser *(singen, M.: Peter Janssens)*

Friedenstext
Lektor(in): Wo Menschen Frieden schließen und sich versöhnen, da ist der Ort der Gemeinde, die sich nach Christus nennt. Wie er soll sie teilen ihr Leben und heilen die Kranken und Krummen, die Blinden und Stummen, sie soll sich erbarmen der Schwachen und Armen. – Wie er soll sie künden Vergebung der Sünden; inmitten der Waffen soll Frieden sie schaffen; versöhnen die Feinde als seine Gemeinde. Wo Friede entsteht, hat das Elend ein Ende, da wird die Welt heil und neu.
Friedenslied »Da berühren sich Himmel und Erde« *oder* »Friede den Menschen, Friede von Gott«

Kommunionausteilung *(Orgel- oder Instrumentalmusik)*
Danklied »Alle Knospen springen auf«

Gebet

Gott, wir danken dir, daß du uns in dieser Feier so reich beschenkt hast, durch Jesus Christus, deinen Sohn. In seinem Wort und im heiligen Brot hat er sich an uns verschenkt, damit wir durch ihn leben und lieben können. Laß uns durch ihn gestärkt mithelfen, daß unser aller Leben ein Fest wird. Darum bitten wir durch ihn, Jesus Christus, der mit uns lebt, heute und in Ewigkeit. Amen.

Segen

Schlußlied »Herr, wir bitten: Komm und segne uns«

Der königliche Weg der Liebe

Christkönig

Vorzubereiten:
Bilder oder Folien malen lassen zur Nacherzählung »Die Parabel«. Möglich: auch Bilder oder Folien malen zu lassen zu ähnlichen Geschichten aus dem Leben der Kinder.

Eröffnung
Lied-Tanz »Du bist da, wo Menschen leben«

Begrüßung und Einführung

1. KIND: Es ist gut, daß wir hier sind! So können wir zusammen heute ein Fest feiern. Wir feiern, daß Jesus Christus unser König ist. Jesus, unser König, ist ein Freund der Kinder und der kleinen Leute.

ERWACHSENER: Jeder Mensch ist ein König. Du bist ein König! Ich bin ein König. Jede und jeder von uns ist Bild Gottes, Kind des großen Königs, dem Himmel und Erde gehören.

Jesus hat uns gezeigt, wie wir als Königskinder gut miteinander leben können. Er hat uns den königlichen Weg der Liebe gezeigt.

PRIESTER: So beginnen wir heute am Christkönigssonntag miteinander unseren Gottesdienst: Im Namen des Vaters...

Jesus, der König, der die Kinder, die Kleinen, Armen und Schwachen liebt, sei mit euch!

2. KIND: Jesus, ein König? Das verstehe ich nicht! Ein König ist für mich ein reicher Mann, der ein großes und schönes Schloß, viele Diener und kostbare Schätze hat. Ein König hat ein großes Reich und ein Volk, über das er herrschen darf.

3. KIND: Ein König, das ist für mich ein mächtiger Mann, der geehrt und anerkannt sein will, der sich alles wünschen kann, was er nur möchte.

4. KIND: Ein König feiert viele Feste, und sein Tisch ist immer reich gedeckt mit dem, was gut schmeckt. Ein König wird immer

bedient. Wenn er einen Wunsch hat, braucht er nur zu piepsen, und schon ist eine ganze Schar von Dienern da, die fragt: »Was darf es sein, Majestät?«

5. KIND: Im Film habe ich einen stolzen, unzufriedenen König erlebt, der seine schlechte Laune an den Dienern ausließ. Er beschimpfte jede und jeden, den er sah, nannte das gute Essen einen »Schweinefraß« und schalt seine Diener »Faulpelze« und »Betrüger«. Musikanten versuchten, ihm seine schlechte Laune zu vertreiben. Hofdamen kamen, um mit ihm zu tanzen. Wenn er sagte: Kommt! – Dann kamen alle. Wenn er sagte: Geht! – Dann gingen sie. Alle mußten so springen, wie er wollte. Vor diesem herrischen und launischen König fürchteten sich alle, keiner liebte ihn.

2. KIND: So ein König war Jesus nicht. – Jesus, ein König? Nein! Das kann nicht sein!

Besinnung und Kyrierufe

PRIESTER: Jesus ist ein König, ein König der Liebe! Er ist unser König. Aus der Herrlichkeit Gottes ist er zu uns gekommen. Er ist arm geworden und hat sich zum Diener aller Menschen gemacht.

3. KIND: Wir aber möchten immer die Ersten sein. Wir möchten reich und angesehen sein. Wir möchten den Ton angeben und über andere herrschen.

Liedruf *(mit Gebärden)* »Herr, erbarme dich!«

ERWACHSENER: Jesus, unser König, hat sich auf die Seite der Menschen gestellt, die in dieser Welt nichts gelten, die unterdrückt und ausgebeutet werden. Er hat sich klein gemacht und ist einer der Letzten geworden.

1. KIND: Wir aber möchten immer obenan sein. Wir möchten immer der »King« sein: mächtig, geehrt und anerkannt. Wir möchten bedient werden und sind sauer, wenn andere unsere Wünsche nicht erfüllen. **Liedruf**

MUTTER: Jesus, unser König, liebt alle Menschen, auch die, die undankbar und böse sind. Er möchte sie verwandeln in liebende Menschen und sie in das Reich der Liebe und des Friedens führen.

JUGENDLICHER: Manchmal tyrannisieren wir andere mit unserer schlechten Laune. Wir tragen zu einem schlechten Klima in Familie, Gruppe und Klasse bei. Wir stecken andere mit unserer Wut an und verführen sie, Böses zu tun. **Liedruf**

Zuspruch

PRIESTER: Der gute Gott erbarme sich unser. Er verzeihe uns unsere Schuld und führe uns auf den königlichen Weg der Liebe durch Jesus Christus, unseren König. Amen.

Loblied-Tanz »Ich lobe meinen Gott, der aus der Tiefe mich holt« *oder* »Ehre sei Gott in der Höhe«

Nacherzählung

(Bilder/Folien an der entsprechenden Stelle einsetzen)

KIND: Ich kann gut verstehen, daß Jesus ein König der Liebe, ein König der Armen und Unterdrückten ist. Der Film »Die Parabel« erzählt von einem König, der als Clown verkleidet in einem Zirkus auftrat. Niemand wußte, daß er ein König war. Der Zirkusdirektor ärgerte sich über diesen Clown, weil er so ganz anders war als die Clowns, die er sonst im Zirkus hatte. Der königliche Clown sah sich die Menschen genau an und beobachtete, was geschah. Er sah, wie Kinder ein armes Kind hänselten, beschimpften und mit Dreck bewarfen. Da mischte er sich als Clown dazwischen, machte Späße, tanzte und sang mit den Kindern bis alle den Streit vergessen hatten. Sie spielten fröhlich weiter, auch als der Clown schon längst weitergegangen war.

ERWACHSENER: Dann sah der Clown einen Schwarzen, der in einer Wurfbude als Zielscheibe aufgestellt und mit harten Bällen beworfen wurde. Er sah, wie ein Weißer mit einem haßverzerrten Gesicht immer wieder auf das Gesicht des schwarzen Mannes zielte, der starr dastand und sich nicht wehren konnte. Der Clown ging schweigend auf den Schwarzen zu, lächelte ihn freundlich an, nahm ihn sanft beiseite und stellte sich an seinen Platz. Als der Weiße zum nächsten Wurf ausholte, stockte er, wurde stutzig, schmiß den Ball mit aller Wucht gegen das Gesicht des Clowns und ging verärgert weiter.

KIND: An einer anderen Stelle sah der Clown einen armen Mann allein mit einem Blechnapf sitzen, aus dem er die Suppe löffelte.

Dicht daneben stand ein langer Tisch mit köstlichen Speisen. Viele Menschen saßen daran, scherzten und sangen, aßen und tranken nach Herzenslust. Der Clown setzt sich zu dem armen Mann, teilte mit ihm sein Brot und sprach mit ihm. Langsam wurde das laute Fest am Nachbartisch ruhiger. Verwundert über den Clown drehten sich alle um und schauten die beiden an.

ERWACHSENER: So machte der Clown Tag für Tag seine Runde. Er sah viel, sagte wenig und half, wo er konnte. Immer bewirkte er, daß die Menschen aufmerksam wurden und nachdachten. Wer ihm begegnete, mußte umdenken. Das Beispiel des Clowns berührte sie. Keiner konnte ihm so recht widersprechen. Er entwaffnete alle durch seine Liebe und Freundlichkeit. Man konnte ihm nicht böse sein. Was er tat, überzeugte die Menschen. Er setzte sich ein für alle, denen Unrecht geschah. Er half denen, die ausgebeutet wurden, er zeigte denen, die versklavt waren, einen Weg in die Freiheit. Allen, die leiden mußten, war er nahe.

KIND: Der Zirkusdirektor geriet in Wut, weil der Clown immer den Finger auf offene Wunden legte und zeigte, wo den Menschen Unrecht geschah. Als der Clown eines Tages sah, wie eine Frau als Marionette an den Seilen des Direktors hing und sich so bewegen mußte, wie er es wollte, befreite er sie und band sich selbst an das Seil. Der Zirkusdirektor zog und quälte ihn in seiner Wut so lange, bis er in den Seilen kraftlos zusammensank und starb.

Alle, die den Clown kannten, die seine Liebe und Hilfe erfahren hatten, konnten dem schrecklichen Schauspiel nur hilflos zuschauen. Keiner wagte zu protestieren, zu sagen: »Das hat er nicht verdient!« – Traurig verließen sie den Cirkus, als der Clown tot in den Seilen hing. Als der Zirkusdirektor alleine im Zelt war und den toten Clown in seinen Seilen hängen sah, erkannte er, wie unmenschlich Wut, Macht und Gewalt handeln lassen, wie menschlich dieser Mensch war, der Unrecht aufdeckte und den Weg der Liebe bis zum Ende gegangen war. Nach einer langen Weile schlich er in seinen Wohnwagen und schaute lange in den Spiegel. Er mußte über sein Leben und über das Leben des Clowns nachdenken. Plötzlich erschrak er: Sein Gesicht war dem Clown ähnlich geworden. Er hatte ein neues Gesicht bekommen.

Jetzt wußte er, daß der menschenfreundliche Clown durch die Macht seiner Liebe auch ihn verändert hatte.

ERWACHSENER: Durch die Macht der Liebe hatte der Clown Menschen zum Guten verändert. So kann einer König sein, der keine Krone trägt, keine Diener hat und kein großes Reich, das ihm gehört. König ist, – so zeigt es der Clown, so zeigt es Jesus, – wer die Menschen liebt und die Macht hat, Menschen zu befreien und zu ermutigen, dem Beispiel Jesu zu folgen.

Stille/Orgelspiel

PRIESTER: Dieser königliche Clown erinnert uns an Jesus, der aus der Herrlichkeit des Himmels kam, das Unrecht der Menschen aufdeckte und allen Leidenden ein Bruder wurde bis zum Tod am Kreuz. Jesus ist den königlichen Weg der Liebe gegangen, damit wir mit ihm die Welt verändern durch unsere Liebe.

Das heutige Evangelium sagt uns, wer den königlichen Weg der Liebe geht, der kommt zum Leben, der gewinnt das ewige Leben.

Lied»Halleluja, halleluja ... *(M.: Du bist da, wo Leben ist)*
Du bist da, wo Menschen lieben, du bist da, wo Liebe ist. Halleluja, halleluja«

Evangelium Mt 25, 31-46 Vom Weltgericht

Glaubensbekenntnis
Lied»Ich glaube Herr, daß du es bist«

Fürbitten
PRIESTER: Jesus hat durch seine Liebe Menschen angesteckt, so zu leben, wie Gott es will. Ihn bitten wir nach jedem zweiten Text der Kinder:

ALLE: Christus, König, hilf uns, einander zu lieben.

1. KIND: Nur Türen, die wir anderen aufschließen, werden uns einmal geöffnet werden.

2. KIND: Nur das Brot, das wir mit anderen teilen, wird uns einmal sättigen. A.:

3. KIND: Nur das Wasser, das wir anderen zu trinken geben, wird einmal unseren Durst stillen.

4. KIND: Nur die Kranken, die wir besucht haben, werden uns unsere Einsamkeit nehmen. A.:

1. KIND: Nur Worte, die anderen helfen, werden uns einmal trösten.

2. KIND: Nur die Kleider, die wir anderen schenken, werden einmal unsere Nacktheit bedecken. A.:

3. KIND: Nur Hände, die wir anderen reichen, werden uns einmal halten.

4. KIND: Nur die Ehrlichkeit, mit der wir anderen begegnen, wird uns in Wahrheit befreien. A.:

1. KIND: Nur die wahre Freundschaft, die wir anderen schenken, wird uns beglücken und tragen.

2. KIND: Nur die Hoffnung, die wir anderen schenken, wird uns ermutigen und zum Leben führen. A.:

3. KIND: Nur die Freiheit, die wir anderen geben, wird uns erlösen.

4. KIND: Nur der Glaube, den wir anderen glaubhaft bezeugen, wird uns glaubwürdig machen. A.:

ERWACHSENER: Nur deine Liebe, Christus König, kann Brücken bauen über den Abgrund, der uns voneinander trennt. Laß uns und unsere Toten die Vollendung finden in deinem Reich.

PRIESTER: Darum bitten wir durch Jesus Christus, den König der Liebe. Amen.

Gabenbereitung
Lied »Wenn das Brot, das wir teilen«

Gabengebet
Gott, wir alle haben unseren Bereich, ein Reich, in dem wir herrschen möchten. Verwandle uns mit Brot und Wein in Menschen, die dienen und mit Jesus das Reich der Liebe, des Friedens, das Reich der Gerechtigkeit und Menschenfreundlichkeit ausbreiten. Darum bitten wir durch Jesus, unseren König und Bruder. Amen.

Zweites Hochgebet für Meßfeiern mit Kindern
Präfation

Gott, wir danken dir um Jesu willen, der unser Bruder ist, der bei uns bleibt und mit uns lebt als König der Liebe. Er begegnet uns in allen notleidenden Menschen, in allen, die ein Bild sind von dir. Er ist für uns zum Brot geworden, zum Brot, von dem wir leben können, auf eine neue Zukunft hin. Um seinetwillen preisen wir dich mit allen Engeln und Heiligen und singen zu deinem Lob:
Heiliglied GL 510 »Heilig, Heilig«

nach der Wandlung:
Lied-Kanon »Wir preisen deinen Tod«

Vaterunser *(singen mit Gebärden)*

Friedenstext
LEKTOR(IN): Die Machthaber dieser Welt, tun so allmächtig, um nicht wahrhaben zu müssen, wie ohnmächtig sie sind.
Die Ohnmächtigen in dieser Welt tun so allmächtig, um die Menschen zur Anbetung zu zwingen.
Jesus Christus, unser König, handelt so ohnmächtig, weil der dem Leben dient und den Frieden und die Freiheit liebt im Himmel und auf Erden.

Friedensgruß
Lied »Gebt einander ein Zeichen des Friedens«

Kommunionausteilung *(Orgel- oder Instrumentalmusik)*
Danklied »Die Herrlichkeit des Herrn«

Schlußgebet
Gott, König des Himmels und der Erde, wir bewundern dich, weil du uns deine Liebe und Menschenfreundlichkeit gezeigt hast durch Jesus Christus, den wir heute als unsern König feiern. Durch ihn wissen wir, daß jeder Mensch ein König ist, ein Bild von dir. Erfülle uns mit seiner Liebe, damit dein Reich sich ausbreite in uns und durch uns.

Darum bitten wir durch Christus, unsern König, heute und in Ewigkeit. Amen.

Segen

Schlußlied »Unser Leben sei ein Fest«

Laß die Sonne in dein Herz

Gemeindefest

Vorzubereiten:

Schilder, auf denen jeweils ein Wort zum Thema steht, ein großes rotes Herz

Großer Einzug

Lied »Ein Lied für die Sonne, die strahlende Schwester«
(6 Kinder ziehen mit Schildern ein, auf denen jeweils ein Wort vom Thema steht. Sie heften die Worte an die Pinwand vor dem Altar – ein großes rotes Herz wurde vorher auf die Pinwand gesteckt) – graue Wolken, in die Kinder aus der Vorbereitungsgruppe schreiben, was ihr Leben dunkel und traurig macht. – Stroh, Nüsse, Körner, Sonne, bunte Farben, Wörter, Noten und eine Sonne zum Umhängen für alle (Um oder in der Sonne kann stehen: »Laß die Sonne in dein Herz!«)

Begrüßung und Einführung

PRIESTER: »Laß die Sonne in dein Herz!« Öffne dein Herz für die Sonne, die Licht und Freude schenken will. Gott, der die Sonne unseres Lebens sein will, ist jetzt in unserer Mitte. In seinem Namen feiern wir diesen Gottesdienst: Im Namen des Vaters ...

1. KIND: *(steht traurig im Chorraum)*

2. KIND: Warum bist du so traurig? *(1. Kind zuckt mit den Schultern und wendet sich ab)*

2. KIND: Komm mit, wir feiern heute ein Fest! Öffne dich und laß die Sonne in dein Herz hinein! *(umarmt das traurige Kind und wendet sich mit ihm der Gemeinde zu, hängt ihm eine Sonne aus Pappe um den Hals)* Laß die Sonne in dein Herz!

ERWACHSENER: In unserem Leben gibt es dunkle Tage und Stunden. Dunkle Wolken am Horizont unseres Lebens verhindern, daß die Sonne durchscheinen kann. Unsere dunklen Wolken, die die Sonne nicht durchscheinen lassen, heißen: *(Kinder heften ihre grauen Wolken in das große rote Herz auf der Pinwand. Sie lesen vor, was sie aufgeschrieben haben:)*

– Traurigkeit, – Einsamkeit, – Alleinsein, – Krankheit, – Tod, einen lieben Menschen verlieren,
– nicht verstanden werden, – Unzufriedenheit, – Streit, – Schuld, – abgelehnt werden …

ERWACHSENER: In dunklen und traurigen Stunden können wir uns dem Licht und dem Leben zuwenden, damit die Sonne in unser Herz scheinen kann.

Kyrierufe

1. KIND: Jesus, du Sonne unseres Lebens, zu dir rufen wir: **Liedruf** »Herr, erbarme dich« *(mit Gebärden)*
3. KIND: *(zum 4. Kind)* Warum stehst du hier so allein? Alleinsein macht traurig und krank. Komm, spiel mit uns und laß die Sonne in dein Herz hinein. *(Sonne umhängen)*

ERWACHSENER: In unserer Gemeinde muß niemand einsam und allein sein. Wer mitmacht, kann Gemeinschaft erleben.

4. KIND: Jesus, im Licht deiner wärmenden Sonne können wir miteinander und füreinander leben. Darum rufen wir zu dir: **Liedruf**
5. KIND: *(zum 6. Kind)* Du siehst blaß aus! Warst du krank? – Laß die Sonne in dein Herz, damit du wieder gesund wirst. *(Sonne umhängen)*

ERWACHSENER: In unserer Gemeinde gibt es viele Menschen, die krank sind. Krankheit macht das Leben oft eintönig, farblos und dunkel. Kranke warten auf uns, damit wir Licht und Farbe in ihr Leben bringen.

6. KIND: Jesus, du heilende Sonne, zu dir rufen wir: **Liedruf**

Zuspruch

PRIESTER: Jesus, du Licht der Welt, du Sonne unseres Lebens, nimm von uns alles, was unser Leben dunkel und traurig macht. Laß deine Sonne in unser Herz strahlen, damit wir miteinander froh und glücklich leben heute und in Ewigkeit. Amen.

Loblied »Du bist das Licht der Welt«

Gebet

Leuchtender Gott, du läßt deine Sonne aufgehen über alle Menschen, ob sie gut oder böse sind, einsam, traurig oder krank. Hilf, daß wir unser Herz öffnen, damit du uns erfüllst mit deinem Licht durch Jesus Christus, der mit dir im Licht des Hl. Geistes lebt heute und in Ewigkeit. Amen.

Lied »Halleluja – Ihr seid das Licht in der Dunkelheit der Welt ... halleluja«

Evangelium Mt 5, 14 – 16 Ihr seid das Licht der Welt

Geschichte von Frederick
(Wenn möglich, Bilder oder Dias dazu zeigen)

1. Dia/Bild

ERZÄHLER(IN): Rund um eine große, blühende Wiese herum, wo Kühe, Schafe und Pferde grasten, stand eine alte Steinmauer. In dieser alten Mauer wohnte eine Familie fleißiger Feldmäuse.

2. Dia/Bild

Nahe bei dieser Mauer stand eine alte Scheune, die einen Kornspeicher beherbergte. Die Bauern waren weggezogen, deshalb konnten die Mäuse hier ganz ungestört miteinander leben. Die fleißigen Feldmäuse sammelten Tag und Nacht Körner, Nüsse, Beeren und Stroh für den Winter. Alle Mäuse arbeiteten fleißig. Alle – bis auf Frederick. *(Ein Kind nimmt dunkle Wolken aus dem großen roten Herz und klebt Stroh, Nüsse und Körner ein)*

3. Dia/Bild

1. MAUS: Frederick, warum arbeitest du nicht?

FREDERICK: Ich arbeite doch! Ich lasse die Sonne in mein Herz scheinen! Ich sammle Sonnenstrahlen für die kalten, dunklen Wintertage. *(Kind nimmt dunkle Wolke weg und klebt eine Sonne in das Herz)*

4. Dia/Bild

ERZÄHLER(IN): Als sie einige Tage später sahen, wie Frederick still auf seinem Stein saß und auf die Wiese starrte, sagten sie:

2. MAUS: Frederick, was machst du denn jetzt?

FREDERICK: Ich sammle bunte Farben, denn der Winter ist eintönig und grau. *(Kind nimmt dunkle Wolke weg und klebt bunte Farben in das rote Herz)*

5. Dia/Bild

ERZÄHLER(IN): Einmal sah es so aus, als sei Frederick halb eingeschlafen. Da sagten die Mäuse, die fleißig arbeiteten, vorwurfsvoll:

MÄUSE: Träumst du, Frederick?

FREDERICK: Aber nein! Ich sammle Wörter. Es gibt so viele lange Wintertage, und dann wissen wir nicht mehr, worüber wir sprechen sollen. *(Kind nimmt dunkle Wolke weg und klebt Wörter ein)*

3. MAUS: Und was machst du jetzt, Frederick?

FREDERICK: Ich sammle Töne und Lieder, damit wir singen und ein frohes Fest feiern können, wenn es im Winter langweilig wird. *(Kind nimmt dunkle Wolken weg und klebt Noten ein und Lieder)*

6. Dia/Bild

ERZÄHLER(IN): Als nun der Winter kam und der erste Schnee fiel, zogen sich die kleinen Feldmäuse in ihr Versteck zwischen den Steinen zurück.

7. Dia/Bild

In der ersten Zeit gab es noch viel zu essen, und die Mäuse erzählten sich Geschichten über singende Füchse und tanzende Katzen. Die Mäusefamilie war glücklich.

8. Dia/Bild

Nach und nach waren fast alle Nüsse und Beeren aufgeknabbert, das Stroh war alle, und an Körner konnten sie sich kaum noch erinnern. Es war sehr kalt zwischen den Steinen der alten Mauer. Es wurde still, denn niemand wollte mehr sprechen. Da fiel ihnen plötzlich ein, wie Frederick von Sonnenstrahlen, Farben und Wörtern gesprochen hatte. Sie riefen:

4. MAUS: Frederick, was machen deine Vorräte? Teile sie mit uns!

9. Dia/Bild

FREDERICK: Macht die Augen zu! Fühlt, wie dunkel und kalt es um euch ist! Jetzt schicke ich euch die Sonnenstrahlen. Laßt sie ein in euer Herz! Fühlt ihr schon, wie warm sie sind? – Die Sonne, die in euer Herz strahlt, sie ist ganz warm und hell.

ERZÄHLER(IN): Frederick war auf einen großen Stein geklettert. Und während er von der Sonne erzählte, wurde es den kleinen Mäusen schon viel wärmer. Ob das Fredericks Stimme gemacht hatte? Oder war es ein Zauber?

10. Dia/Bild

5. MAUS: Und was ist mit den Farben, Frederick?

FREDERICK: Macht wieder die Augen zu!

ERZÄHLER(IN):Und als Frederick von blauen Kornblumen, von roten Mohnblumen in gelben Kornfeldern und von grünen Blättern und roten Beeren erzählte, da sahen sie die Farben so klar und deutlich vor sich, als wären sie aufgemalt in ihren kleinen Mäuseköpfen.

11. Dia/Bild

1. MAUS: Und die Wörter, Frederick?

ERZÄHLER(IN): Frederick räusperte sich, wartete einen Augenblick, und dann sprach er wie von einer Bühne herab:

FREDERICK: Wer streut die Schneeflocken? Wer schmilzt das Eis? Wer macht lautes Wetter? Wer macht es leis? Wer bringt den Glücksklee im Juni heran? Wer verdunkelt den Tag? Wer zündet die Mondlampe an? Vier kleine Feldmäuse wie du und ich wohnen im Himmel und denken an dich. Die erste ist die Frühlingsmaus, die läßt den Regen lachen. Als Maler hat die Sommermaus die Blumen bunt zu machen. Die Herbstmaus schickt mit Nuß und Weizen schöne Grüße. Pantoffeln braucht die Wintermaus für ihre kalten Füße. Frühling, Sommer, Herbst und Winter sind vier Jahreszeiten. Keine weniger und keine mehr. Vier verschiedene Fröhlichkeiten.

12. Dia/Bild

ERZÄHLER(IN): Als Frederick aufgehört hatte, klatschten alle und riefen:

MÄUSE: Frederick, du bist ja ein Dichter!

ERZÄHLER(IN): Frederick wurde rot, verbeugte sich und sagte bescheiden;

FREDERICK: Ich weiß es, ihr lieben Mäusegesichter. Nun laßt uns miteinander singen und ein frohes Fest feiern.

(nach Leo Lionni, Frederick, Middelhauve-Verlag, Köln)

Aktion

Die Mäusefamilie möchte die gesammelten Sonnenstrahlen weiterschenken, damit unser Leben hell und froh ist. »Laß die Sonne in dein Herz!« Wer sie einläßt, wird zum Licht für andere. Mit der Sonne im Herzen kann unser Fest gut und schön werden.

(Kinder schenken allen eine Sonne zum Umhängen)

Lied – Tanz »Weißt du, wo der Himmel ist«

Glaubensbekenntnis:

1. KIND: Ich glaube an Gott. Ich glaube, daß er das Licht ist und alles Licht von ihm ausgeht.

2. KIND: Ich glaube, daß Gott uns immer und überall nahe ist. Ich glaube, daß er zu uns spricht in den Farben des Himmels und der Erde und in den Stimmen seiner Geschöpfe.

3. KIND: Ich glaube an Gott und an das Licht, das von ihm ausgeht. Ich glaube an seine zärtliche Liebe und an seine befreiende Kraft.

4. KIND: Ich glaube an Jesus Christus, der das Licht der Welt ist, der Gottes Licht in dieser Welt hat aufleuchten lassen.

5. KIND: Ich glaube, daß alle, die Jesus folgen, in seinem Licht leben und durch ihn zum Licht für andere werden. Amen.

Fürbitten

PRIESTER: Zu Gott, von dem alles Licht kommt, beten wir:

1. KIND: – für alle, die in unserer Gemeinde traurig sind und für alle, die Angst haben.

ALLE: Hilf uns, daß wir dein Licht zu ihnen bringen.

2. KIND: – für alle, die mutlos sind und keinen Ausweg mehr sehen. A.:

3. KIND: – für alle, die alleingelassen werden und für alle, die einsam sind. A.:

4. KIND: – für alle, die unzufrieden sind und für alle, die im Streit leben. A.:

5. KIND: – für alle, die krank sind und für alle, die auf unsere Hilfe warten. A.:

6. KIND: – für alle, die sterben müssen und für alle, die einen lieben Menschen verloren haben. A.:

7. KIND: – für alle, mit denen wir uns über den Tod hinaus verbunden wissen. A.:

PRIESTER: Gott, du Licht unseres Lebens, erleuchte uns und laß uns ein Licht sein in dieser dunklen Welt und Zeit. Amen.

Gabenbereitung
Lied GL 634 »Herr, wir bringen in Brot und Wein unsere Welt zu dir«

Gabengebet
Guter Gott, wir bringen Brot und Wein. Verwandle uns mit diesen Gaben in Menschen, die deine Sonne in ihr Herz lassen und sie durchscheinen lassen in dieser dunklen Welt. Darum bitten wir durch Jesus Christus, der das Licht der Welt ist, heute und in Ewigkeit. Amen.

Zweites Hochgebet für Meßfeiern mit Kindern
Präfation

Es ist gut und richtig, dir zu danken, guter Gott, für das Licht, das von dir kommt, für die Sonne, die du aufgehen läßt über Gute und Böse, über Gerechte und Ungerechte.

Besonders aber danken wir dir für Jesus Christus, der als Licht in diese dunkle Welt kam und der dein Licht aufscheinen ließ in Not, Dunkelheit und Tod. Wir danken dir, daß du durch ihn unser Leben erleuchtet hast, daß wir mit ihm zum Licht der Welt geworden sind. Mit allen, die in deinem Licht leben und mit allen, die deine Sonne in ihr Herz lassen, singen wir zu deinem Lob:

Heiliglied-Tanz: »Heilig bist du, Ursprung der Welt«

Vaterunser
Friedenstext
LEKTOR(IN): Gott, erleuchte die Augen unseres Herzens, damit wir verstehen, zu welcher Hoffnung du uns berufen hast.

JUGENDLICHER: Gott, erleuchte die Augen unseres Herzens, damit wir glauben, daß du uns aus der Finsternis in dein wunderbares Licht berufen hast. Einst waren wir Finsternis, jetzt aber sind wir durch dich zum Licht geworden.

LEKTOR(IN): Gott, erleuchte die Augen unseres Herzens, damit wir in deinem Licht wandeln und als Kinder des Lichtes leben. Das Licht bringt Güte, Gerechtigkeit, Wahrheit und Frieden hervor.

JUGENDLICHER: Gott, erleuchte die Augen unseres Herzens, damit wir uns öffnen für dein Licht, denn alles, was durch dich erleuchtet ist, ist Licht. Wer von deinem Licht erleuchtet ist, der schenkt unserer Welt Hoffnung und Frieden (nach Eph).

Friedensgruß
Lied »Da berühren sich Himmel und Erde«

Kommunionausteilung
»Sonnengesang des hl. Franziskus«

Meditation
1. KIND: Die Mäuse sammelten, was sie zum Leben brauchten: Körner, Nüsse, Beeren, Stroh.

2. KIND: Frederick sammelte Sonnenstrahlen – Farben, Wörter und Lieder.

ERWACHSENER: Jesus sagt: Der Mensch lebt nicht allein vom Brot. – Was sammeln wir? – Was brauchen wir – was andere – um glücklich zu sein?

Danklied »Wir haben Gottes Spuren festgestellt«

Schlußgebet

Gott, wir danken dir, daß du die Sonne unseres Lebens bist. Wir danken dir, daß du uns Jesus geschenkt hast, als Licht für diese dunkle Welt. Durch ihn leben wir in deinem Licht. Gib uns und allen in der Gemeinde helle Augen, damit wir die sehen, die auf der Schattenseite des Lebens stehen. Gib uns wache Ohren, damit wir die Hilferufe der anderen hören. Mache uns feinfühlig, damit wir spüren, wer auf uns wartet. Gib uns ein sonniges Herz und ein freundliches Gesicht, damit wir heute viele froh machen und ein schönes Fest feiern. Darum bitten wir durch Jesus Christus, der Licht ist von deinem Licht, der uns erleuchtet heute und in Ewigkeit. Amen.

Segen

Lied-Tanz »Lobt den Herrn auf Straßen und auf Plätzen«

Gemeinschaft erfahren

Vorzubereiten:
Einen großen Fisch und viele kleine Fische

Einzug
Lied/Tanz »Wir versammeln uns zu dir, o großer Gott«
(Kinder kleben sich als kleine Fische in den großen Fisch)

Begrüßung und Einführung
1. KIND: Ich, N., begrüße alle, die zu diesem Familiengottesdienst gekommen sind. Wenn wir als Gemeinde Jesu zusammenkommen, dann ist Jesus mitten unter uns. Durch ihn erfahren wir Gemeinschaft mit Gott und Gemeinschaft untereinander. Das ist gut für uns.

PRIESTER: Der Fisch ist für die Christen immer ein Symbol gewesen für Jesus Christus. Im Zeichen des Fisches bekennen wir Christen unseren Glauben an Jesus Christus, den Sohn Gottes, unseren Erlöser. Wir stellen unser Leben unter das Kreuz Jesu und beginnen diesen Gottesdienst: Im Namen des Vaters ...

2. KIND: Der große Fisch mit unseren kleinen Fischen zeigt, daß wir in Jesus Christus leben und mit ihm durch das Meer der Zeit schwimmen. So haben wir Gemeinschaft mit Jesus, unserem Freund.

3. KIND: Wir, die vielen kleinen Fische, gehören zusammen. Durch Jesus sind wir eine Gemeinschaft geworden. Wir essen vom gleichen Brot und leben aus der Kraft der Liebe Jesu.

Besinnung und Kyrierufe
1. KIND: Jesus, wie der Fisch im Meer so leben wir in dir.
Liedruf »Herr, erbarme dich« *(mit Gebärden)*
2. KIND: Jesus, in dir leben wir, bewegen wir uns und sind wir. **Liedruf**
3. KIND: Jesus, mit dir schwimmen wir durch das Meer der Zeit dem Ufer entgegen, an dem Gott uns erwartet. **Liedruf**

PRIESTER: Der gute Gott schenkt uns Vergebung aller Schuld. Er fügt uns als Gemeinschaft zusammen. Durch ihn erfahren wir die Güte und Nähe Gottes heute und in Ewigkeit. Amen.

Loblied/Tanz »Ehre Gott in der Höhe«

Gebet

Lebendiger Gott, in dir leben wir, bewegen wir uns und sind wir durch Jesus Christus. In der Taufe hat er uns aufgenommen in die Gemeinschaft mit dir und mit allen, die zu ihm gehören. Wir danken dir, daß du kein einsamer Gott bist, sondern in Gemeinschaft lebst mit dem Sohn und dem Heiligen Geist. Laß uns immer – besonders aber dann, wenn wir in Not sind – Gemeinschaft mit dir und untereinander erfahren. Darum bitten wir durch Jesus Christus im Heiligen Geist heute und in Ewigkeit. Amen.

Lesung aus der Apostelgeschichte 9,1-6.7-11.13.-20
(möglich als Schattenspiel)
ERZÄHLER(IN): Saulus wütete immer noch gegen die junge christliche Gemeinde. Er bedrohte alle, die sich zu Jesus Christus bekannten, mit dem Tod. Er ging zum Hohenpriester und ließ sich eine Bescheinigung ausstellen, daß er in Damaskus Männer und Frauen, die an Jesus Christus glaubten, suchen durfte, um sie dann zu fesseln und nach Jerusalem vor das Gericht zu bringen. Unterwegs aber, als er in die Nähe von Damaskus kam, geschah es, daß ihn plötzlich vom Himmel her ein Licht umstrahlte. Er stürzte zu Boden und hörte, wie eine Stimme zu ihm sagte:
STIMME: »Saul, Saul, warum verfolgst du mich?«
SAUL: »Wer bist du, Herr?«
STIMME: »Ich bin Jesus von Nazaret, den du verfolgst. Steh auf! Geh in die Stadt, dort wird dir gesagt werden, was du tun sollst.«
ERZÄHLER(IN): Saulus erhob sich vom Boden. Er konnte aber nichts mehr sehen. Er war blind geworden. Seine Begleiter nahmen ihn deshalb an der Hand und führten ihn in die Stadt Damaskus hinein. Drei Tage war er blind. Er aß und trank nicht. In Damaskus lebte Hananias, ein Jünger Jesu. Der Herr sagte zu ihm:

STIMME: »Hananias, mach dich auf und geh in die gerade Straße und frage im Haus des Judas nach Saulus aus Tarsus. Er betet jetzt.«

HANNANIAS: »Herr, von Saulus habe ich viel Böses gehört. Er hat die Christen in Jerusalem verfolgt. Jetzt hat er die Vollmacht, alle Christen hier in Damaskus zu verhaften.«

STIMME: »Geh nur! Ich habe Saulus auserwählt. Er wird das Evangelium heidnischen Völkern und Königen verkünden. Auch vor den Israeliten wird er den Glauben an Jesus bezeugen und dafür leiden.«

ERZÄHLER(IN): Da ging Hananias hin und legte Saulus die Hände auf. Er sagte:

HANANIAS: »Bruder Saul, Jesus hat mich zu dir gesandt. Er ist dir auf dem Weg hierher erschienen. Du sollst wieder sehen und mit Heiligem Geist erfüllt werden.«

ERZÄHLER(IN): Sofort fiel es wie Schuppen von seinen Augen. Saulus konnte wieder sehen und ließ sich auf der Stelle taufen. damit ließ er sich in die Gemeinschaft der Christen aufnehmen. Und sogleich verkündete er die Frohe Botschaft von Jesus, dem Sohn Gottes, unserem Erlöser.

Lied »Du bist da, wo Menschen leben«

Die Geschichte vom einsamen schwarzen Fisch
(wenn möglich, mit Musik untermalen lassen)

ERZÄHLER(IN): Mitten im Ozean schwamm ein Schwarm bunter Fische. In allen Farben schillerten die kleinen Fische, besonders dann, wenn die Sonne schien. Sie freuten sich ihres Lebens und spielten lustig miteinander. Sie freuten sich, daß sie zusammengehörten. Manchmal erzählten und sangen sie miteinander. Die kleinen und schwachen Fische erfuhren die Hilfe und den Schutz der größeren Fische. So fühlten sich alle im Schwarm sicher und geborgen.

1. FISCH: Seht mal, da schwimmt ja ein schwarzer Fisch ganz allein.

2. FISCH: Komisch sieht er aus!

3. FISCH: Stimmt, er sieht ganz traurig aus!

1. FISCH: Was der wohl von uns will?

ERZÄHLER(IN): Mißtrauisch beobachteten die Fische im Schwarm den Fremdling.

2. FISCH: He, wo kommst du denn her?

3. FISCH: Was willst du hier?

ERZÄHLER(IN): Alle starrten den schwarzen Fisch an. Ängstlich blickte der schwarze Fisch in die Tiefe zum Meeresboden.

SCHWARZER FISCH: Ich habe meinen Schwarm verloren. Ich weiß nicht mehr wohin. Allein habe ich Angst. Darf ich bei euch bleiben? In diesem riesengroßen Meer kann ich allein nicht überleben.

ERZÄHLER(IN): Der kleinste Fisch im Schwarm hatte Mitleid mit dem schwarzen Fisch. Er konnte nachempfinden, wie schlimm es ist, wenn man einsam und allein durch das große, tiefe Meer schwimmen muß. Ein dicker Fisch drängelte sich vor und rief:

4. FISCH: Wir können dich in unserem Schwarm nicht aufnehmen. Du störst unsere Gemeinschaft. Hier in den Felsspalten kannst du meinetwegen bleiben, aber mach uns bloß keinen Ärger!

ERZÄHLER(IN): Der kleine Fisch war schockiert. Er verstand nicht, warum der schwarze Fisch nicht in den Schwarm aufgenommen wurde. Er wagte es aber nicht, dem dicken Fisch zu widersprechen. Er wollte die Hilfe und den Schutz der großen Fische nicht verlieren. Er fühlte sich aber zu schwach und zu klein, um allein bei dem schwarzen Fisch zu bleiben.

Traurig zog sich der schwarze Fisch in die Felsspalten zurück. Sehnsüchtig schaute er zu den anderen Fischen hinüber und dachte:

SCHWARZER FISCH: Was kann ich dafür, daß ich anders aussehe? Warum nehmen sie mich nicht so an, wie ich bin?

KLEINER FISCH: Die traurigen Augen vom schwarzen Fisch geben mir keine Ruhe. Ich hätte auch Angst, allein durch das große Meer zu schwimmen.

ERZÄHLER(IN): Das Leben im Schwarm ging weiter. Bald dachte niemand mehr an den schwarzen Fisch. – Plötzlich aber fand das ruhige Treiben im Fischschwarm ein jähes Ende. Ein riesengroßer Fisch kam herangebraust. Er schoß wie ein Pfeil mitten in den Schwarm. Er sperrte sein Riesenmaul auf und schnappte links und rechts nach den bunten Fischen.

1. FISCH: Vorsicht, der Hai reißt sein großes Maul auf, um uns zu beißen und zu zerreißen!

ERZÄHLER(IN): Die bunten Fische stoben auseinander. Ängstlich flüchteten sie in ihr Versteck. In der engen Felsspalte konnte der Hai sie nicht erreichen. Bald trafen auch die letzten Fische im Versteck ein. Sie hatten Glück gehabt. Der Hai hatte keinen einzigen von ihnen erwischt.

KLEINER FISCH: Wie mag es jetzt dem einsamen schwarzen Fisch gehen? Allein ist er doch hilflos und verloren!

ERZÄHLER(IN): In der Felsspalte wurde es totenstill. Alle wußten, daß in diesem Augenblick der schwarze Fisch um sein Leben kämpfte.

KLEINER FISCH: Worauf wartet ihr? Wir müssen ihm helfen! Allein ist er verloren!

ERZÄHLER(IN): Sein ängstlicher Schrei rüttelte den Schwarm der bunten Fische wach. Alle flitzten hinaus.

SCHWARZER FISCH: Hilfe! Hilfe, laßt mich nicht allein!

ERZÄHLER(IN): Der verfolgte schwarze Fisch war am Ende seiner Kraft. Fast hätte er aufgegeben. Es war höchste Zeit, daß der Schwarm ihm zur Hilfe kam. Die bunten Fische umschwärmten den frechen Räuber, bis ihm ganz schwindelig wurde. In dieser Aufregung nahm der kleine Fisch den schwarzen Fisch an der Flosse und führte ihn in das Versteck in der Felsspalte. Der schwarze Fisch war völlig erschöpft. Es erschien ihm wie ein Wunder, daß er noch lebte.

2. FISCH: Beruhige dich, denn jetzt bist du nicht mehr einsam und allein. Bleibe bei uns, denn nur zusammen sind wir stark.

ERZÄHLER(IN): Glücklich schwamm der schwarze Fisch mit den bunten Fischen davon. Und er war froh, daß hier im Wasser niemand sah, daß er vor Freude und Glück weinte.

(verändert nach: »2. Teil vom Regenbogenfisch«)

Stille

Lied-Tanz »Laßt uns miteinander«

EVANGELIUM Mk 4,26-34 – *oder* Mk 10,41-45 »Wer bei euch groß sein will, soll euer Diener sein« *oder* Mk 10,13-16 »Jesus und die Kinder«

Überleitung

Saulus, der wie ein Räuberfisch gegen die Christen in Damaskus wütete, um sie töten zu lassen, wurde durch einen einzigen Lichtstrahl vom Pferd, von seinem hohen Roß, geworfen. Klein wie ein Senfkorn begann in seinem dunklen Leben die Liebe zu Jesus Christus und zu seiner Frohen Botschaft. Hananias hatte Angst, ihn in die Gemeinschaft der Christen aufzunehmen. er hatte von Saul so viel Böses gehört. Nachdem er ihn dann doch getauft hatte, setzt dieser sich rastlos für das Evangelium und für die Gemeinschaft der Christen ein, bis er selbst getötet wurde. Durch ihn hat sich die christliche Kirche ausgebreitet in vielen Ländern. Darum wird Saulus, der uns als Paulus bekannt ist, auch der Völkerapostel genannt. Ein senfkornkleiner Anfang – und Großes ist daraus geworden.

Ein Ruf – und der kleine Fisch bringt den Schwarm der bunten Fische in Bewegung, sich für den schwarzen fremden Fisch einzusetzen. Ein kleiner Anfang, klein wie ein Senfkorn, und Großes kann darauf werden.

Klein wie ein Senfkorn ist das Stückchen Brot, in dem Jesus sich an uns verschenkt. Dennoch kann in uns und durch uns Großes daraus werden. Wenn wir das Gute, die Kraft der Liebe und Hilfsbereitschaft, den Himmel, in uns wachsen lassen, dann kann er von uns auf andere übergehen. Klein wie ein Senfkorn legt Jesus sich immer wieder in unsere Hand. Großes kann daraus werden, wenn wir aus seiner Liebe miteinander und füreinander leben. Die kleine Gemeinschaft der Christinnen und Christen, wir können in dieser Welt Großes bewirken, wenn wir in und mit Jesus leben – so wie die kleinen Fische im großen Fisch. Großes können wir in dieser Welt bewirken, wenn wir in Gemeinschaft mit Jesus Christus leben und mit allen, die zu ihm gehören.

Glaubensbekenntnis

Lied »Ich glaube, Herr, daß du es bist, durch den wir sind und leben«

Fürbitten

PRIESTER: Ja, wir glauben es, daß wir in und durch Jesus leben. Er hat uns als seine Gemeinde zusammengeführt. Ihn bitten wir:

1. KIND: Für alle, die sich selbst nichts zutrauen, daß sie Menschen finden, die ihnen Mut machen und Vertrauen schenken.
Liedruf »Segne sie alle, Herr!«
2. KIND: Für alle Menschen, die bedroht und verfolgt werden. Laß sie deine rettende Hilfe erfahren, auch durch uns. Liedruf
3. KIND: Für alle Menschen, die einsam und allein sind. Laß sie erfahren, daß du ihnen durch uns Gemeinschaft schenken willst. Liedruf:
4. KIND: Für unsere christliche Gemeinde. Laß sie offen und hilfsbereit allen Fremden entgegengehen. Liedruf
5. KIND: Für uns alle, daß wir in Liebe zusammenhalten und eine gute Gemeinschaft sind. Liedruf
6. KIND: Für unsere Toten. Vollende du ihr Leben und laß sie für immer glücklich leben in deinem Licht. Liedruf
PRIESTER: Jesus Christus, laß uns alle leben und glücklich werden in der Gemeinschaft mit dir und mit allen, die an dich glauben. Amen.

Gabenbereitung
Lied »Wenn wir das Leben teilen«

Gabengebet
Mit den kleinen Zeichen von Brot und Wein schenken wir uns dir, großer Gott. Nimm uns an und laß uns Hilfe und Schutz in der Gemeinde erfahren und anderen Gemeinschaft schenken durch Jesus Christus, deinen Sohn, der uns stärken will in der Liebe zu dir und den Menschen. Amen.

Ersten Hochgebet für Meßfeiern mit Kindern
Präfation
Es ist gut und richtig, dir, großer und guter Gott, zu danken für Jesus Christus, deinen Sohn, durch den wir Gemeinschaft erfahren mit dir. Wir danken dir, daß du uns liebst, daß du uns nie verläßt, daß wir immer und in jeder Notlage mit deiner Hilfe rechnen dürfen, denn du willst unser Leben und unser Glück. Wir danken dir, daß wir in der Gemeinschaft mit Jesus, dem großen, gelehrten Fisch, durch das

Meer der Zeit dir entgegenschwimmen. Mit allen, die zu ihm gehören im Himmel und auf Erden, singen wir zu deinem Lob:
Heilig-Lied GL 491 »Heilig, heilig«

Vater unser *singen (mit Gebärden)*

Friedensgruß
Lied/Kanon: »Herr, gib uns deinen Frieden«

vor der Kommunion
Der Fisch war für die Juden und für die jungen Christen, die in einem Land wohnten, wo es wenig Wasser gab, eine Gabe aus dem Paradies, eine Speise, die unsterbliches Leben schenkte.
Wir finden auf vielen alten Abendmahlsbildern den Fisch in der Nähe von Brot und Wein. Heute schenkt Jesus sich in den Zeichen von Brot und Wein, Gaben, von denen wir ewig leben können.

Kommunionausteilung *Instrumentalmusik*
Danklied »Ja, freuet euch im Herrn«

Schlußgebet
Klein wie ein Senfkorn hast du, guter Gott, Jesus in unsere Hand gelegt. Wir danken dir, daß er Brot ist für unser Leben. Wir danken dir, daß wir durch ihn miteinander und füreinander leben können. Laß uns durch ihn Gemeinschaft leben und zu einer guten Gemeinschaft beitragen, wo immer es möglich ist. Laß uns die Gemeinschaft all deiner Heiligen erfahren durch Jesus Christus, in dem wir leben, uns bewegen und sind, heute und an allen Tagen unseres Lebens, bis in Ewigkeit. Amen.

Segen
Lied-Tanz »Komm, Herr, segne uns, daß wir uns nicht trennen«

Tanzbeschreibungen

Kyrie eleison oder Herr, erbarme dich, erbarme dich
(ostkirchl. Liturgie oder P.Janssens)
Sich tief verneigen – mit offenen Händen und Armen das Leid dieser
Erde an das Herz nehmen – sich aufrichten und sich weit öffnen vor
Gott (Orantehaltung)
– Arme und Hände zur Leibmitte führen und dann nach unten, um
das Empfangene weiterzugeben

Komm, Herr, segne uns
Mit offenen Händen (Arme unten) im Kreis stehen

1. Komm, Herr, segne uns,
4 Schritte zur Mitte gehen, offene Arme und Hände erheben
(Orantehaltung)
daß wir uns uns nicht trennen,
sich anfassen und wiegen (rechts beginnend)
sondern überall
4 Schritte zurück (dann Hände lösen) und
uns zu dir bekennen.
mit offenen Armen und Händen sich einmal um sich selbst drehen.
Nie sind wir allein, stets sind wir die Deinen.
Durchfassen und in Tanzrichtung (rechts) gehen. (Hände lösen)
Lachen oder Weinen wird gesegnet sein.
Arme schwungvoll nach oben werfen und sie auf die Schultern der
NachbarInnen legen und gemeinsam wiegen.

2. Keiner kann allein
Miteinander verbunden (Arme auf die Schultern der NachbarInnen –
oder Handfassung) 4 Schritte zur Mitte gehen,
Segen sich bewahren.
Wiegen – rechts beginnend,

Weil du reichlich gibst,
zwei Anstellschritte rechts,
müssen wir nicht sparen.
4 Schritte zurück.
Segen kann gedeihn, wo wir alles teilen,
Durchfassen links in Tanzrichtung gehen,
schlimmen Schaden heilen,
Hände (lösen) zur Mitte führen (Handflächen nach unten)
und im Bogen nach unten,
lieben und verzeihn.
Hände zur Mite und nach oben führen und auf die Schultern
der NachbarInnen legen und wiegen.

3. Str. wie 1. nur letzte Zeile:
Die mit Tränen säen, werden in ihm ruhen – wie 2. Str. letzte Zeile

4. Str. wie 2. nur letzte Zeile wie 1. Str. letzte Zeile
Der mich atmen läßt, bist du lebendiger Gott,
Sonnenstrahlschritt – *Kreis – V-fassung,*
rechts zurück, links zurück, wiegen, rechts vor, links vor, seit ran

Nimm dir Zeit zum Danken, nimm dir Zeit zum Feiern
Nimm dir Zeit zum Danken, nimm dir Zeit zum Feiern,
singt und tanzt unserm Gott, singt und tanzt mit Freuden.
Halleluja, Halleluja, Halleluja, Amen
Pilgerschritt – *in Tanzrichtung – rechts vor, links, rechts, wiegen,*
beim Halleluja mit offenen Händen recht hoch und links hoch zweimal
wiegen.
(Wenn Kreistanz, dann beim Halleluja miteinander – zur Mitte gewen-
det – wiegen.)

Heilig bist du
Heilig bist du, Ursprung der Welt.
Kreis – V-Fassung, auf der Kreislinie rückwärts gehen.
Heilig bist du, Ziel aller Wege.
In Tanzrichtung rechts gehen.
Heilig bist du, ewige Gegenwart
Zur Kreismitte gewendet miteinander wiegen – rechts beginnend.

Halte zu mir, guter Gott
Halte zu mir, guter Gott, heut den ganzen Tag.
Kreis V-Fassung rechts ind Tanzrichtung:
rechts, links, wiegen, rechts, links wiegen – zur Mitte wenden -
Halt die Hände über mich,
Hände lösen und über den Kopf halten,
was auch kommen mag.
wiegen (rechts beginnend)
Halte zu mir, guter Gott, heut' den ganzen Tag.
In Tanzrichtung: rechts, links, wiegen, rechts, links, wiegen,
nach außen drehen.
Halt' die Hände über mich,
Hände lösen und über den Kopf halten,
was auch kommen mag.
zur Mitte drehen.

Schweige und höre, neige deines Herzens Ohr!
Suche den Frieden!
Ich will dir danken, weil du meinen Namen kennst,
Gott meines Lebens.
Pilgerschritt: In Tanzrichtung rechts, links, wiegen – Kerze, Namen,
Rebenblatt etc. in der Hand

Schriftstellenverzeichnis

Joh	8,12	Laßt euer Licht leuchten
	10,10	Neues Leben zulassen
	15,1–8	Neues Leben zulassen
	17,6a.11ff	Muttertag – Vergiß mein nicht
	21,1–14	Neues Leben zulassen
Apg	9,1–6.7–11.13.–20	Gemeinschaft erfahren
Röm	13,12	Entfalten, was in uns steckt
Eph	4,24–27	Entfalten, was in uns steckt
Kol	4,8 ff	Entfalten, was in uns steckt
Gal	3,27	Entfalten, was in uns steckt
1 Joh	4,11–16	Muttertag – Vergiß mein nicht
Offb	21,1–7	Farbe ins Leben bringen

Quellenverzeichnis der Lieder

Alle Kinder dieser Welt sind dein

Pfälzer-Kindermesse, Studio-Union, Lahn-Verlag, Limburg

Alle Knospen springen auf

T: W.Willms; L. Edelkötter, Impulse-Verlag, Drensteinfurt

Alle Menschen, höret

T: Simon Jelsma/Deutsche Übersetzung: Sigisberg Kraft,

M: Wim ter Berg/Paul Ernst Ruppel, »Kommt und singt« S. 219

Ausgang und Eingang

T und M: Joachim Schwarz, Hänssler-Verlag, Neuhausen-Stuttgart

(Tanzbeschreibung: Laarmann, Mit allen Sinnen das Leben feiern

S. 168/169)

Brot, das die Hoffnung nährt

T: Wilhelm Willms; M: P.Janssens, Peter-Janssens-Musikverlag Telgte

Da berühren sich Himmel und Erde

T: Laubach; M: C.Lehmann; tvd-Verlag, Düsseldorf

Danke für diesen guten Morgen

T und M: Martin Gotthard Schneider; aus: Neue Kinderlieder,

Gustav-Bosse-Verlag, Regensburg

Danket, danket dem Herrn

GL 283 (Tanzbeschreibung: Laarmann, Das Fest unseres Lebens

feiern, S.169)

Das Licht einer Kerze ist im Advent erwacht

T: Rolf Krenzer; M: P.Janssens, Peter Janssens-Musikverlag, Telgte

Den Weg wollen wir gehen

T: Hans -Jürgen.Netz; M: Choral Brother, Misereor, Werkmappe 1975

Der Himmel geht über allen auf

T: W.Willms,; M: Peter Janssens, Peter-Janssens-Musikverlang, Telgte

(Tanzbeschreibung: Laarmann, Mit allen Sinnen das Leben feiern, S. 168)

Der mich atmen läßt

T: Anton Rotzetter, M: Kapuziner Stühlingen

Die Herrlichkeit des Herrn

T: Ps 104,31 + 33: Jugend mit einer Mission, Hurlach (Tanzbeschreibung:

Laarmann, Mit Freude das Leben feiern, S. 169)

Du unser Vater

T: R.Schönfelder; M: Wickendick, Studio-Union im Lahn-Verlag, Limburg

Du hast uns deine Welt geschenkt

Menschenkinder-Musikverlag, Münster

Du bist das Licht der Welt

T und M: Helga Poppe; Präsenz-Verlag Hünfelden

Du bist da, wo Menschen leben

T und M: D.Jöcker, Menschenkinder-Musikverlag, Münster

Ehre, Ehre sei Gott

T: Rolf Krenzer; M: Ludger Edelkötter (Tanzbeschreibung:
Laarmann, Mit allen Sinnen das Leben feiern, S. 168)

Ehre Gott in der Höhe

T: Liturgie; M: Heino Schubert (Tanzbeschreibung:
Laarmann, Das Fest unseres Lebens feiern S. 167)

Ein Licht geht uns auf

Menschenkinder Verlag, Münster (Tanzbeschreibung:
Laarmann, Das Fest unseres Lebens feiern, S. 165)

Ein bunter Regenbogen ist übers Land gezogen

T: Rolf Krenzer; M: Ludger Edelkötter, aus: IMP 1015 »Bibl. Spiellieder zum
Misereor-Hungertuch aus Haiti«, Impulse-Verlag-Drensteinfurt

Ein Lied für die Sonne

Menschenkinder Verlag, Münster

Eine Tür, eine Tür tut sich auf für mich

Menschenkinder Verlag, Münster (Tanzbeschreibung:
Laarmann, Mit allen Sinnen das Leben feiern, S. 171)

Eines Tages kam einer

T: Alois Albrecht, M: P. Janssens, Peter-Jansens-Musikverlag, Telgte

Engel auf den Feldern singen

aus: Weihnachtssingebuch, Christophorus-Verlag, Freiburg

Erlaube den Vögeln dich glücklich zu machen

T: Rolf Krenzer; M: D. Jöcker, Menschenkinder-Musikverlag, Münster

Farbe kommt in dein Leben /Meistermaler

T und M: Christian Loer, aus: »in-takt« Turmberg-Verlag, Asslar

Gebt einander ein Zeichen des Friedens

T und M: Chris Herbring, aus: LH Lebendiger Gott,
Chris-Herbring-Musikverlag, Neuss

Gehet nicht auf in den Sorgen dieser Welt

T: nach dem franz. Originaltext aus Taizé; M: aus England

Gib uns Frieden jeden Tag

T: K. Rommel; M: R. Lüders; aus: Neue Kinderlieder,

Gustav-Bosse-Verlag, Regensburg

Gott gab uns Atem, damit wir leben

T: Eckart Bücken, M: Fritz Baltruweit, »Kommt und singt« S. 110

Gottes Liebe ist wie die Sonne

T und M: Frankfurt am Main, Verlag Singende Gemeinde, Wuppertal

Hallelu-... Preiset den Herrn / Danket dem Herrn

KIM Zentrale, Ingolstadt

Hände, die schenken

T: Claus-Peter März; M: Kurt Gral

Halte zu mir, guter Gott

Impulse-Verlag, Drensteinfurt

Heilig, heilig bist du

M: und Gebärden wie: Ehre sei Gott, (Tanzbeschreibung:

Laarmann, Mit allen Sinnen das Leben feiern, S. 168)

Heilig bist du, Ursprung der Welt

T: J. Zink; M: Hans Jürgen Hufeisen, aus: Abendsegen

Heilig, Heilig, Heilig

Franz Schubert, aus der Deutschen Messe (Tanzbeschreibung:

Laarmann, Mit Freude das Leben feiern, S. 173)

Herr, erbarme dich

T: Liturgie; P. Janssens, Peter Janssens-Musikverlag, Telgte,

(Gebärden: Laarmann, wie Kyrie, Mit Freude das Leben feiern, S.169)

Herr, gib uns deinen Frieden

T: Wolfgang Poeplau; M: Ludger Edelkötter, aus: Herr, gib uns

deinen Frieden, Impulse- Musikverlag, Drensteinfurt

Herr, ich werfe meine Freude

T: Fritz Pawelzik; M: Fritz Baltruweit, Brockhaus-Verlag, Wuppertal

Herr, wir bitten: Komm und segne uns

T und M: P.Strauch; aus: Singt mit uns«, Hänssler-Verlag,

Neuhausen-Stuttgart

Ich glaube, Herr, daß du es bist

T: Marie L.Thurmair; M: Straßburg, Christophorus-Verlag, Freiburg

Ich glaube an einen Gott, der singt

T und M: unbekannt, aus: »Singt dem Herrn« Verlag BDKJ

Ich loben meinen Gott, der aus der Tiefe mich holt

T: Hans-Jürgen Netz; M: Christoph Lehmann, tvd-Verlag, Düsseldorf

(Tanzbeschreibung: Laarmann, Mit allen Sinnen das Leben feiern S. 69/70)

Ihr seid das Licht in der Dunkelheit der Welt

siehe »Gehet nicht auf in den Sorgen dieser Welt«

Im Advent, im Advent ist ein Licht erwacht

T: Rolf Krenzer; M: D. Jöcker, Menschenkinder-verlag, Münster

Ins Wasser fällt ein Stein

T und M: Kurt Kaiser, Slezak-Musikverlag, Hamburg

Ja, freuet euch im Herrn

T und M: Johann Koller, Wien, nach einem Spiritual

Jeder knüpft am eignen Netz

T: Hans Jügen Netz; M: P.Janssens, Peter-Janssens-Musikverlag, Telgte

Jesus Brot, Jesus Wein, auf unserm Weg Zeichen wird sein

T: F.K. Barth/P.Horst; M: P.Janssens

Jetzt ist die Zeit

T: Alois Albrecht; M: L. Edelkötter, Impulse-Verlag, Drensteinfurt

Kleines Senfkorn Hoffnung

T: Alois Albrecht; M: L. Edelkötter, Impulse-Verlag, Drensteinfurt

Kommt, wir malen einen Regenbogen

T: Rolf Krenzer; M: L. Edelkötter, Impulse-Verlag, Drensteinfurt

Laßt uns miteinander

T und M: mündlich überliefert (Tanzbeschreibung:
Laarmann, Bilder erzählen von Gott, S. 179/180)

Leben im Schatten

siehe: Den Weg wollen wir gehen

Licht der Liebe

T: E. Bücken; M: D. Jöcker, Menschenkinder-Verlag, Münster
(Tanzbeschreibung: Laarmann, Das Fest unseres Lebens feiern, S. 165)

Lobet und preiset, ihr Völker, den Herrn – GL 280,

(Tanzbeschreibung: Laarmann, Bilder erzählen von Gott, S. 179)

Lobt den Herrn auf Straßen und auf Plätzen

aus Laudato si, Franziskaner-Minoriten, Würzburg (Tanzbeschreibung:
Laarmann, Bilder erzählen von Gott, S. 181)

Mache dich auf und werde Licht

T und M: Kommunität Gnadenthal, Präsenz-Verlag

(Tanzbeschreibung: Laarmann, Bilder erzählen von Gott, S.179)

Manchmal feiern wir mitten im Tag

T: Alois Albrecht; M: P.Janssens, P.Janssens-Musik-Verlag, Telgte

Nehmt Gottes Melodie in euch auf

T und M: Sr. M.Carmen Ehlert

Nimm dir Zeit zum Danken, nimm dir Zeit zum Feiern

T und M: Herkunft unbekannt, aus:»Singt dem Herrn« Verlag BDKJ

Nimm, o Herr, die Gaben

T: mündlich überliefert, M: aus Jesus Christ Superstar

Regenbogen, bunter Regenbogen

T und M: Christiane Fiebag, (Tanzbeschreibung:

Waltraud Schneider, Tanzend beten, Nr. 20)

Regenbogen, buntes Licht

T: Reinhard Bäcker; M: D. Jöcker, Menschenkinder-Verlag, Münster

Regenbogen Hoffnungszeichen/ Gott malt in die Wolken Farben

Quelle unbekannt

Segne sie alle, Gott/ Segne sie alle, Herr

Liedruf aus der Pfälzer-Kindermesse, Lahn-Verlag, Limburg

Seht, ein großer Regenbogen

aus: Neue Lieder im Jahreskreis, Don Bosco-Verlag

Singt Halleluja unserm Herrn

»Regenbogen«, Münsterschwarzach S 363

Tragt in die Welt nun ein Licht

T und M: Wolfgang Longardt, Ernst Kaufmann-Verlag, Lahr

Unser Lied nun erklingt

T: H.Bergmann; M: H. Wortmann, aus: Pfälzer Kindermesse,

Lahn-Verlag, Limburg

Unser Leben sei ein Fest

T: Josef Metternich Team; M: Peter Janssens; aus:

Wir haben einen Traum, Peter Janssens-Musikverlag, Telgte

Unfriede herrscht auf der Erde

T: Hildegard M.Rauchfuss; M: Heinz Martin Lonquich, Köln

Uns wird erzählt von Jesus Christ

T und M: Kurt Rommel

Wenn das Brot, das wir teilen

T: Claus-Peter März; M: Kurt Grahl

Wenn einer alleine träumt

T: Josef Reding; M: L. Edelkötter, Impulse-Verlag, Drensteinfurt

(Tanzbeschreibung: Laarmann, Mit allen Sinnen das Leben feiern, S. 169)

Wenn wir das Leben teilen

T: Rozier/Hans Florenz; M: Wackenheim

Weil der Himmel nicht mehr weint

T:R. Krenzer; M: D.Jöcker, Menschenkinder-Verlag, Münster

Weißt du, wo der Himmel ist

Impulse-Verlag, Drensteinfurt (Tanzbeschreibung:

Laarmann, Mit Freude das Leben feiern, S. 168)

Wie aus dem Kreise brechen

T: Alois Albrecht; M: Peter Janssens, Peter-Janssens-Musikverlag, Telgte

Wir glauben an den großen, dreieinigen Gott

T: W. Fährmann; M: Karl Fegers, Laumann-Verlag, Dülmen

Wir feiern ein Fest

T: O.F. Lang/L. Edelkötter; M: Ludger Edelkötter, Impulse-Verlag,

Drensteinfurt

Wir feiern heut ein Fest

T: R. Krenzer; M: El. Edelkötter, Impulse-Verlag, Drensteinfurt

Wir haben Gottes Spuren festgestellt

T: M. Scouarnec; M: Jo Akepimas, Übersetzung:

D. Zils, tvd-Verlag, Düsseldorf

Wir öffnen die Ohren

T: W. Fährmann; M: Karl Fegers, Laumann-Verlag, Dülmen

Wir preisen deinen Tod

T: D. Zils; M: volkstümlich (Tanzbeschreibung:

Laarmann, Das Fest unseres Lebens feiern, S. 167)

Wir versammeln uns zu dir

T und M: Jugend mit einer Mission, aus: »Lehre uns Herr«

(Tanzbeschreibung: Laarmann, Mit Freude das Leben feiern, S. 170)

Wir spinnen, knüpfen, weben

T: W. Willms; M:P.Janssens, Peter-Janssens-Musikverlag, Telgte

Wo Menschen sich vergessen

Da berühren sich Himmel und Erde

Wo zwei oder drei

   T: Mt 18,20; M: Kommunität Gnadenthal, Präsensz-Verlag,
   Hünfelden

Wunderkerze, Wunderkerze

   T: W. Longardt; M: D. Döcker, Menschenkinder-Verlag, Münster

Zeige uns den Weg

   T und M: Richard Strauß-König, Fidula-Verlag, Boppard/Rhein

Zieh den Kreis nicht zu klein

   T und M: Dr. Hans-Georg Surmund, aus: »Weitersagen«
   Impuls-Studio, Drensteinfurt

Weitere Bücher von Heriburg Laarmann

Bilder erzählen von Gott
Neue Gottesdienstmodelle

3. Auflage, 185 Seiten, Paperback – ISBN 3-451-22039-3

Diese Modelle für Familiengottesdienste zeichnen sich durch eine Fülle überraschend origineller Ideen aus, die die Botschaft der Bilder, Symbole und Märchen fruchtbar machen für die Feier und Vertiefung des Glaubens.

Das Fest unseres Lebens feiern
Neue Familiengottesdienste

2. Auflage, 176 Seiten, Paperback – ISBN 3-451-26083-2

»Allen, die sich von hier vorgelegten Modellen anregen lassen, Feste des Lebens, Eucharistiefeiern vorzubereiten und zu feiern, wünsche ich die heilige Kraft des Festes. In der Vorbereitung des Festes, der Lieder und der Tänze mögen alle im Blick auf die, die kommen, erleben, daß sie in neuer Weise zu fühlen und zu sehen vermögen.« Heriburg Laarmann

Mit allen Sinnen das Leben feiern
Neue Familiengottesdienste

2. Auflage, 176 Seiten, Paperback – ISBN 3-451-23570-6

Alle Anregungen und Materialien sind aus Heriburg Laarmanns vielfältiger pastoraler Praxis erwachsen. Sie regt mit ihren Hinweisen auf den Einsatz von Rollenspielen, Aktionen, Tanz und gemeinsamen Gebeten zu eigener, lebendiger Kreativität an.

HERDER

Modelle für Gottesdienste mit jungen Menschen

Werner Kuchar, **Du nervst, guter Gott!**
Ökumenische Wort-Gottesdienste für Jugendliche
128 Seiten, Paperback – ISBN 3-451-26655-5
Neue unverbrauchte Impulse für Gottesdienste, die bei Jugendlichen ankommen:
- weil diese selbst miteinbezogen sind bei der Planung und Durchführung,
- weil Themen und Texte einen aktuellen Bezug haben zum Leben von jungen Menschen,
- weil die Gottesdienste sich durch die Einbeziehung von Symbolen und Sinneserfahrungen auch für »unerfahrene« Kirchgänger empfehlen.

Eva Bieber / Susanne Schäfer, **Einer hat uns angesteckt**
Neue Jugendgottesdienste
200 Seiten, Paperback – ISBN 3-451-26247-9
Eine reichhaltige und außergewöhnlich phantasievolle Sammlung von Jugendgottesdiensten. Alle Modell sind in der Praxis entstanden und erprobt. Sie eignen sich auch als Bausteine für »normale« Gottesdienste, sowohl für Eucharistiefeiern, wie auch für priesterlose Gottesdienste oder Früh- und Spätschichten.

Regina Törnig-Grohe (Hrsg.), **Gott ist los**
Ökumenische Gottesdienste mit Schülerinnen und Schülern
170 Seiten, Paperback – ISBN 3-451-26397-1
Die hier vorgestellten zwanzig Gottesdienstmodelle wurden in Teamarbeit von Schülerinnen und Schülern der Sekundarstufe I mit ihren Lehrern erarbeitet und durchgeführt. Entstanden sind Gottesdienste, die ungemein ansprechend die Themen und Probleme der Jugendlichen aufgreifen. Gottesdienste, in denen sich die Jugendlichen wiederfinden.

HERDER